智無止境

敬人 著

《孫子兵法》名句今悟

青島出版社

序

今年元旦以来，敬人兄的每周一句"孙子曰"都在周六上午如期而至，文虽简短，但言简意邃，读之常令人神清气爽、醒脑入心。这次看到他研读诸子百家经典名篇的第二部著述《智无止境——〈孙子兵法〉名句今悟》全稿，更是欣喜。读罢，与我为他的《智无止境——〈道德经〉名句今悟》作序时同感，闻道知意，慧智明理，受益良多。

敬人兄是我的老友。他曾长期从事中国改革发展研究、政策制定和经济管理工作，有在中央、地方政府和经济管理机构工作的经历，且不乏现代经济学和管理学的理论素养。他对诸子经典的解读，不沿袭学究式"坐而论道"的思维方式，不拘泥于古籍概念的究酌，而是以改革开放亲历者的实践思维，对《道德经》和《孙子兵法》进行化繁为简、通俗实用式的诠释，字里行间体现了一个实践者的思辨与真知。细读之，确有深入浅出、发人思索、可悟可践之感。

春秋战国时期，是中国文化也是世界文化的"轴心时代"，东西方文明史上诞生了众多的思想巨人，中国有老子、孔子等先秦诸子，古希腊有苏格拉底、柏拉图、亚里士多德，古印度有释迦牟尼……这些古代名哲先贤，至今仍是人类文化史上璀璨的星辰。《道德经》和《孙子兵法》

皆诞生于春秋战国时期，是举世仰目的名篇巨著。《道德经》的核心是"道"，所谓"人法地，地法天，天法道，道法自然"，"道"就是自然和社会规律，是宇宙万物运行演进的总则。《孙子兵法》则是讲战争规律和谋略，所谓"兵者，国之大事，死生之地，存亡之道，不可不察也"，其"慎战"和"谋胜"等不朽军事思想均由此而生。相较而言，《道德经》凝聚着深刻的辩证法思想，而《孙子兵法》则更注重战略战术的方法论，所以这也许是敬人兄继《智无止境——〈道德经〉名句今悟》之后，选择续写《孙子兵法》名句今悟的用意。

当前，全球政治经济形势错综复杂，各种风险挑战不断叠加，把握、运用《道德经》和《孙子兵法》的思想智慧，对于维护世界和平，保护人类生存环境，促进经济可持续发展，实现社会长治久安都有非常重要的现实意义。

古今名贤、专家学人，对《孙子兵法》的解读见仁见智，各抒己意，而在崇尚学以致用、知行合一的当今，敬人兄的《智无止境——〈孙子兵法〉名句今悟》不失为一本颇具真知灼见的实战手册，值得一读。

是为序。

梅建平

2020 年 6 月

自　序

　　呈现在读者面前的《智无止境——〈孙子兵法〉名句今悟》，是继《智无止境——〈道德经〉名句今悟》于去春付梓之后，笔者的又一部品读诸子百家不朽经典的心得感悟集子。

　　在中国历史上，春秋战国时期是古代大思想家辈出的时代，也是军事思想繁荣璀璨的时期，有"无子不言兵"之说。但如唐太宗李世民所言"观诸兵书，无出孙武"，孙子确是为世人景仰的伟大军事思想家，《孙子兵法》确是举世公认的人类兵学圣典。

　　《孙子兵法》是一部讲打仗、打胜仗的著作。其中，既包含了对战争本质、战争规律的深刻洞悉，诸如"兵者，国之大事，死生之地，存亡之道，不可不察也""亡国不可以复存，死者不可以复生。故明君慎之，良将警之，此安国全军之道也"；也涵盖了对战略战术、取胜之道的精辟阐释，诸如"是故百战百胜，非善之善者也；不战而屈人之兵，善之善者也""兵者，诡道也""知彼知己，百战不殆"。同时，还对政治、经济、外交与军事的相互关系和手段综合运用有所论述，诸如"道者，令民与上同意也，故可以与之死，可以与之生，而不畏危""凡兴师十万，出征千里，百姓之费，公家之奉，日费千金""诸侯之地三属，先至而得天下之众者，为衢地……衢地则合交"等等。深入品读思考，会有这样的感觉：与其说《孙子兵法》是带兵打仗的致用之书，不如说是集政治、经济、军事、外交以及管理之作，其中俯拾皆是的方法论、唯物辩证法思想，彰显了深厚底蕴和独特魅力，令人肃然起敬。不可否认，这部著作是列国纷争、群雄并起的时代产物，而只有在开放、多元、包容和沉静的社会大背景下，才能出现百家争鸣的局面，产生如此的思想、如此的智慧、如此的兵书。依笔者的认识，《道德经》与《孙子兵法》的共同之处在于，两者都阐述和揭示了规律。《道德经》讲的是"天道"，即自然规律，是自然界中的人对自然规律的认识、把握和顺行；《孙子兵法》讲的是"诡道"，即战争规律，是人对战争规律的认识、把握和践行。这是两者的至高境界和不朽根源，可谓万学同归。

在品读《孙子兵法》期间，时逢中美贸易摩擦加剧，新冠疫情突如其来，世界格局、国际关系正在发生剧烈而深刻的变化，中国的现代化进程在经历了40年改革开放之后面临着前所未有的严峻挑战。笔墨当随时代，学习运用"不可胜在己，可胜在敌""上兵伐谋""衢地则合交"等古老智慧，努力办好中国自己的事情，最大限度地争取和平的、有利于发展的国际环境，对于破解危局、走出困局、夺取胜局不无裨益。

本书依旧采取了名句、注释、译文和今悟的体例形式，以方便读者阅读。

关于名句：《孙子兵法》虽仅6000余言，但博大精深。本书选取了《孙子兵法》十三篇中的其理深刻、其意简明、其文优美的116条名句抒发感悟。

关于注释：以《古代汉语词典》和若干《孙子兵法》读本为据，选取与文中意思相关的注解为释。

关于译文：参考了中华书局的《孙子兵法·三十六计》等多种解读本，加上本人的理解和修辞编译而成。

关于今悟："今悟"是本书的主体。以"今悟"的方式怀往感今，阐义述理。体会在"今"，表达于"悟"，让人插上自由想象和感悟的翅膀，这样来得更具现实感，更有灵活性，也更加轻快。当然，"今悟"也是笔者读《孙子兵法》的所思、对过往人生经历的所悟。

经典传统文化是人类社会进步的源头活水，学无止境，知无止境，这是我们文化自信的底蕴所在。写作本书的过程确是一个对《孙子兵法》不断加深认知的过程，是一个从中汲取思想养分的过程，也是一个神游享受的过程。如果本书能够引起读者对《孙子兵法》的喜爱和思考，能够使其将充满古老智慧的思想运用于实践之中，本人将欣乐之至，这也是笔者将感悟结集的初衷。

友人问，为何以"敬人"作为笔名？"敬人"二字取自《孟子·离娄章句下》"爱人者，人恒爱之；敬人者，人恒敬之"。取"敬人"之名，有向大智先贤、中华传统文化、师友和读者致敬之意。

敬人

2020年初夏于沪上

目　录

计篇

作战篇

027 / 夫兵久而国利者，未之有也。

028 / 故不尽知用兵之害者，则不能尽知用兵之利也。

029 / 故杀敌者，怒也；取敌之利者，货也。

030 / 故兵贵胜，不贵久。

031 / 故知兵之将，生民之司命，国家安危之主也。

谋攻篇

035 / 凡用兵之法，全国为上，破国次之，全军为上，破军次之。

037 / 是故百战百胜，非善之善者也；不战而屈人之兵，善之善者也。

038 / 故上兵伐谋，其次伐交，其次伐兵，其下攻城。

039 / 故善用兵者，屈人之兵而非战也，拔人之城而非攻也，毁人之国
而非久也，必以全争于天下，故兵不顿而利可全，此谋攻之法也。

041 / 故用兵之法，十则围之，五则攻之，倍则分之，敌则能战之，少
则能逃之，不若则能避之。

043 / 故小敌之坚，大敌之擒也。

045 / 知可以战与不可以战者胜。

047 / 识众寡之用者胜。

048 / 上下同欲者胜。

049 / 以虞待不虞者胜。

051 / 将能而君不御者胜。

053 / 知彼知己者，百战不殆；不知彼而知己，一胜一负；不知彼不知己，
每战必殆。

形篇

057 / 昔之善战者，先为不可胜，以待敌之可胜。不可胜在己，可胜在敌。

058 / 胜可知，而不可为。

059 / 不可胜者，守也；可胜者，攻也。守则不足，攻则有余。

061 / 善守者，藏于九地之下；善攻者，动于九天之上，故能自保而全胜也。

063 / 见胜不过众人之所知，非善之善者也。

065 / 故举秋毫不为多力，见日月不为明目，闻雷霆不为聪耳。

066 / 故善战者，立于不败之地，而不失敌之败也。

067 / 胜兵先胜而后求战，败兵先战而后求胜。

068 / 善用兵者，修道而保法，故能为胜败之政。

069 / 胜者之战民也，若决积水于千仞之溪者，形也。

势篇

073 / 凡战者，以正合，以奇胜。故善出奇者，无穷如天地，不竭如江河。

074 / 声不过五，五声之变，不可胜听也；色不过五，五色之变，不可胜观也；味不过五，五味之变，不可胜尝也。

075 / 战势不过奇正，奇正之变，不可胜穷也。

077 / 激水之疾，至于漂石者，势也。

079 / 是故善战者，其势险，其节短，势如彍弩，节如发机。

080 / 纷纷纭纭，斗乱而不可乱也；浑浑沌沌，形圆而不可败也。

081 / 治乱，数也；勇怯，势也；强弱，形也。

083 / 故善战者，求之于势，不责于人，故能择人而任势。

084 / 木石之性，安则静，危则动，方则止，圆则行。故善战人之势，如转圆石于千仞之山者，势也。

虚实篇

089 / 故善战者，致人而不致于人。

090 / 出其所不趋，趋其所不意。

091 / 故策之而知得失之计，作之而知动静之理，形之而知死生之地，角之而知有余不足之处。

093 / 善攻者，敌不知其所守；善守者，敌不知其所攻。

094 / 微乎微乎，至于无形；神乎神乎，至于无声，故能为敌之司命。

095 / 进而不可御者，冲其虚也；退而不可追者，速而不可及也。

096 / 故备前则后寡，备后则前寡，备左则右寡，备右则左寡，无所不备，则无所不寡。

097 / 故知战之地，知战之日，则可千里而会战；不知战地，不知战日，则左不能救右，右不能救左，前不能救后，后不能救前。

099 / 故形兵之极，至于无形；无形则深间不能窥，知者不能谋。

100 / 故其战胜不复，而应形于无穷。

101 / 夫兵形象水，水之形避高而趋下，兵之形避实而击虚。

103 / 兵无常势，水无常形，能因敌变化而取胜者谓之神。

军争篇

107 / 军争之难者，以迂为直，以患为利。

108 / 后人发，先人至，此知迂直之计者也。

109 / 故军争为利，军争为危。

110 / 故不知诸侯之谋者，不能豫交。

111 / 不知山林、险阻、沮泽之形者，不能行军。

112 / 故三军可夺气，将军可夺心。

113 / 故兵以诈立，以利动，以分合为变者也。

115 / 故其疾如风，其徐如林，侵掠如火，不动如山，难知如阴，动如雷震。

116 / 先知迂直之计者胜，此军争之法也。

117 / 言不相闻，故为金鼓；视不相见，故为旌旗。

118 / 善用兵者，避其锐气，攻其惰归。

119 / 以近待远，以佚待劳，以饱待饥。

九变篇

122 / 涂有所不由，军有所不击，城有所不攻，地有所不争，君命有所不受。

123 / 是故智者之虑，必杂于利害。杂于利，而务可信也；杂于害，而患可解也。

125 / 是故屈诸侯者以害，役诸侯者以业，趋诸侯者以利。

126 / 故用兵之法，无恃其不来，恃吾有以待也；无恃其不攻，恃吾有所不可攻也。

127 / 故将有五危：必死，可杀也；必生，可虏也；忿速，可侮也；廉洁，可辱也；爱民，可烦也。

行军篇

130 / 凡军好高而恶下，贵阳而贱阴，养生而处实，军无百疾，是谓必胜。

133 / 兵非益多也，惟无武进，足以并力、料敌、取人而已。

135 / 夫惟无虑而易敌者，必擒于人。

137 / 故令之以文，齐之以武，是谓必取。

地形篇

141 / 险形者，我先居之，必居高阳以待敌。

142 / 夫地形者，兵之助也。料敌制胜，计险厄远近，上将之道也。知此而用战者必胜，不知此而用战者必败。

143 / 故战道必胜，主曰无战，必战可也；战道不胜，主曰必战，无战可也。

145 / 故进不求名，退不避罪，唯人是保，而利合于主，国之宝也。

147 / 视卒如婴儿，故可与之赴深溪；视卒如爱子，故可与之俱死。

149 / 厚而不能使，爱而不能令，乱而不能治。譬若骄子，不可用也。

151 / 故知兵者，动而不迷，举而不穷。

153 / 知彼知己，胜乃不殆；知天知地，胜乃不穷。

九地篇

157 / 诸侯之地三属，先至而得天下之众者，为衢地……衢地则合交。

159 / 所谓古之善用兵者，能使敌人前后不相及，众寡不相恃，贵贱不相救，上下不相收。

160 / 兵之情主速，乘人之不及，由不虞之道，攻其所不戒也。

161 / 谨养而勿劳，并气积力。

163 / 运兵计谋，为不可测。

164 / 投之无所往，死且不北；死焉不得？士人尽力。兵士甚陷则不惧，无所往则固，深入则拘，不得已则斗。

166 / 齐勇若一，政之道也。

167 / 故善用兵者，携手若使一人。

169 / 将军之事，静以幽，正以治。

171 / 九地之变，屈伸之利，人情之理，不可不察。

172 / 敢问：敌众整而将来，待之若何？曰：先夺其所爱，则听矣。

173 / 施无法之赏，悬无政之令，犯三军之众，若使一人。

175 / 投之亡地然后存，陷之死地然后生。

176 / 故为兵之事，在于顺详敌之意，并敌一向，千里杀将，此谓巧能成事者也。

177 / 是故始如处女，敌人开户；后如脱兔，敌不及拒。

火攻篇

180 / 夫战胜攻取而不修其功者凶，命曰费留。故曰：明主虑之，良将修之。

181 / 非利不动，非得不用，非危不战。

182 / 主不可以怒而兴师，将不可以愠而致战。

183 / 合于利而动，不合于利而止。

185 / 怒可以复喜，愠可以复悦；亡国不可以复存，死者不可以复生。故明君慎之，良将警之，此安国全军之道也。

用间篇

188 / 凡兴师十万，出征千里，百姓之费，公家之奉，日费千金。

190 / 故明君贤将，所以动而胜人，成功出于众者，先知也。

191 / 先知者，不可取于鬼神，不可象于事，不可验于度，必取于人，知敌之情者也。

193 / 故用间有五：有因间，有内间，有反间，有死间，有生间。五间俱起，莫知其道，是谓神纪，人君之宝也。

195 / 故三军之事，莫亲于间，赏莫厚于间，事莫密于间。

197 / 故惟明君贤将，能以上智为间者，必成大功。此兵之要，三军之所恃而动也。

計篇

曹操曰計者選將量敵度地料卒遠近險易計於
廟堂也○李筌曰計者兵之上也太一遁甲先以
計神加德宮以斯主宰成敗故孫子論兵亦以計為篇首
○杜牧曰計算也曰計算何事曰下之五事所謂道天地
將法也於廟堂之上先以彼我之五事計算優劣然後定
勝負既定然後興師動眾用兵之道莫先此五事故
著為篇首耳○王晢曰計者謂計主將天地法令兵眾士
卒賞罰也○張預曰管子曰計先定於內而後兵出境故
計為首也

用兵之道以計為首也或曰兵貴臨敵制宜曹公謂計於
廟堂者何也曰將之賢愚敵之強弱地之遠近兵之眾寡
安得不先計之及乎兩軍相臨變動相
應則在於將之所裁非可以逾度也

孫子曰兵者國之大事 戎○張預曰國之安危在己興
故

宋刻本《十一家注孫子》

孙子兵法 。

計篇

死生之地存亡之道不可不察也

講武練兵
實先務也
者凶器死生存亡繫於此矣是以董之恐人輕行者也○杜牧曰國
之存亡人之死生皆由於兵故須審察也○賈林曰地猶所也亦謂

陳師振旅戰陳之地得其利則生失其便則死故曰死生之地道也
權機立勝之道得之則存失之則亡故曰不可不察也書曰有存道
者輔而固之有亡道者推而亡之○梅堯臣曰地有死生之勢有
存云之道○王晳曰兵舉則死生存亡繫之○張預曰民之死生兆
於此則國之存亡見於彼然死生地存亡道者以死生之勢戰有
生在勝負之地而存亡繫得失之道也得不重慎審察乎

故經之

以五事校之以計而索其情

曹操曰謂下五事十計
求彼我之情也○李筌

曰謂下五事也校量也量計遠近而求物情以應敵○杜牧曰經者
經度也五者即下所謂五事也校者校量也計者即篇首計算也先
者搜索也此言先須經度五事之優劣次復校量
計筭之得失然後始可搜索彼我勝負之情狀○賈林曰校量彼我

兵者，国之大事，死生之地，存亡之道，不可不察也。

——《孙子兵法·计篇》

〔注　释〕

兵：军队，战争，军事。察：考察，研究。

〔译　文〕

军事是国家头等大事，关系国民安危和国家存亡，不可不高度重视和倾心究察。

〔今　悟〕

"兵者，国之大事，死生之地，存亡之道，不可不察也。"这是被誉为世界第一兵书——《孙子兵法》首篇的开卷语。后人每每谈及军事和战争，便会经常引用。军事确属国家头等要务，关乎民之生死、疆之完整、国之存亡。《司马法》有言："国虽大，好战必亡；天下虽安，忘战必危。"处安思危，强武精兵，长备不懈，乃国家安全、世界安宁之保障。

之計謀搜索兩軍之情實則長短可知勝負易見○梅堯臣曰經紀
五事校定計利○王晢曰經常也又經緯也計者謂二七計索盡也
兵之大經不出道天地將法耳就而校之以七計然後能盡彼已勝
負之情狀也○張預曰經緯五事之次序下乃用五
事以校計彼我之優
劣探索勝負之情狀

一曰道　信使民　張預曰恩
二曰天　順天時　張預曰上
三曰地　知地利　張預曰下
四曰將　任賢能　張預曰委
五曰法　此之謂　杜牧曰

五事也○王晢曰此經之五事也夫用兵之道人和為本天時與地
利則其助也三者具然後議舉兵兵必須將能將能然後法修孫
子所次此之謂美○張預曰節制嚴明夫用兵將與法在五事之末者只
舉兵伐罪廟堂之上先察恩信之厚薄度天時之逆順次審地
之險易三者已熟然後命將征之兵既
出境則法令一從於將此其序也

道者令民與上同
意也　張預曰以恩信道義撫衆則三軍一心
故可以與之

故经之以五事，校之以计，而索其情：一曰道，二曰天，三曰地，四曰将，五曰法。

——《孙子兵法·计篇》

〔注 释〕

经：度量，衡量，研究。校：通"较"，比较。计：计算。索：探索，探究，求索。道：道理，方法，这里指政策。天：天气，天象。地：地理，地形。将：将领，将帅。法：法令，法规。

〔译 文〕

军事家应该从五件事来进行比较和研究，以期对敌我双方的实况有所了解，从而判断胜负的概率：一是道，就是国家政策，政治基础；二是天，就是气象条件，上顺天时；三是地，就是地理环境，下顺地利；四是将，就是军队将领，委贤任能；五是法，就是法规条例，军法严明。

〔今 悟〕

《孙子兵法》开宗明义指出，军事家必须研究和把握"道""天""地""将""法"这五项要事。用当今的话讲，就是要把握能够使民众与国家同心同德的大政方针，适宜作战的气象条件，有利于攻防的地理环境，堪当重任的军队将领，有效治军的法规条例。此五事就是人们常说的天时、地利、人和，再加上政策和法令。率军打仗如此，理政、举社、办学、治企、经商等亦然。

道者，令民与上同意也，故可以与之死，可以与之生，而不畏危。

——《孙子兵法·计篇》

〔注 释〕

道：道理，这里指政策方针、政治基础。令：使，让。意：意愿，意图。

〔译 文〕

所谓道者，是指能够使民众与国家同心同德的治国大政方针，它能使民众与国家生死与共、不畏危难。

〔今 悟〕

孙子早在两千多年前就指出，如果国家实行的大政方针深得人心，民众就会与之同心同德、同甘共苦、不畏危难，甚至献出生命。可见治国方略的权威力之重、感召力之大、凝聚力之强！这一古老命题的初衷和归宿或许就是国富民强、众安道泰，就是给每个公民以尊严、自由和发展……

同也使士卒懷我如父視敵如仇讎者非道不能也黃石公云得

道者昌失道者云○杜佑曰謂道之以政令齊之以禮教也危者疑

也上有仁施下能致命也故與處存云○梅堯臣曰危突也主有道則政教

之圍沈竈產蛙人無叛疑心矣○

行人心同則危矣故主安與安主危與危○王晢曰道謂主有道

能得民心也夫得民之者所以得死力也得死力者所以濟患難

也易曰悅以犯難民忘其死如是則安畏危之事乎○張

頋曰危疑也士卒感恩死生存云與上同之決然無所疑懼 天者

陰陽寒暑時制也

司馬法曰冬夏不興師所以兼愛民也

曹操曰順天行誅因陰陽四時之制故

○李筌曰應天順人因時制敵○杜牧曰陰陽者五行刑德向背之

類是也今五緯行止最可據驗巫咸甘氏石氏唐蒙史墨梓慎裨竈

之徒皆有著述咸稱祕奧察其指歸皆本人事準星經曰歲星所在

之分不可攻攻之反受其殃○左傳昭三十二年夏吳伐越始用師

於越史墨曰不及四十年越其有吳乎越得歲而吳伐之必受其凶

詿曰存亡之數不過三紀歲月三周三十六歲故曰不及四十一也

天者，阴阳、寒暑、时制也。

——《孙子兵法·计篇》

〔注 释〕

天者：天气，气候，气象。阴阳：古代指日、月天体运行，这里指天气阴晴、昼夜变化。时制：节气，时节，时令，季节。

〔译 文〕

所谓天者，是指气象条件。天是阴还是晴，是昼还是夜；气温是寒冷还是炎热；季节是春夏还是秋冬。

〔今 悟〕

中国古代非常重视对"天者"——气象条件和季节的研究，其成果不胜枚举。有因发展农耕文明而研究农时的，例如起源于先秦时期黄河流域的"二十四节气"；有因为取得作战胜利而查究气象的，例如《孙子兵法》"天者，阴阳、寒暑、时制也"；也有因占卜预测未知而探究天象的，例如《周易·乾·文言》"先天而天弗违，后天而奉天时"等。不论古人还是来者，研究"天者"的目的大都是为了认知自然、顺应自然、融入自然。正所谓"与日月合其明，与天时合其序"。

而制征討也太白陰經書天時者乃水旱蝗霾霓荒亂之天時非孤虛向背之天時也

地者遠近險易廣狹死生也

曹操曰言以九地形勢不同因時制利也論在九地篇中○李筌曰得形勢之地有死生之勢○梅堯臣曰知形勢之利害○張預曰凡用兵貴先知地形之遠近則能為迂直之計知險易則能審步騎之利知廣狹則能度衆寡之用知死生則能識戰散之勢也

將者智信仁勇嚴也

曹操曰將宜五德備也○李筌曰此五者為將之德故師有文人之稱也○杜牧曰先王之道以仁為首兵家者流用智為先蓋智者能機權識變通也信者使人不惑於刑賞也仁者愛人憫物知勤勞也勇者決勝乘勢不逸也嚴者以威刑肅三軍也楚申包胥使於越越王勾踐伐吳問戰焉夫戰智為始仁次之勇次之不智則不能知民之極無以詮度天下之衆寡不仁則不能與軍共飢勞之殃不勇則不能斷疑以發大計也○賈林曰專任智則賊偏施仁則懦固守信則愚恃勇力則暴令過嚴則殘五者兼備各適其用則可為將帥○梅堯臣曰智能發謀信能賞罰仁能附衆勇

地者，远近、险易、广狭、死生也。

——《孙子兵法·计篇》

〔注 释〕

地者：作战的地理环境。死生：生死存亡之地。

〔译 文〕

所谓地者，是指用兵打仗时所处的地理环境，距离敌军是远还是近，地形是险峻还是平坦，地带是宽阔还是狭窄，是生存之地还是死亡之地。

〔今 悟〕

古今中外兵家为了取胜，无一例外地都十分重视"地者"——作战的地理环境，有利于进攻或防御的要塞更是兵家必争之地。"金角、银边、草肚皮"，谁占据了有利地形，谁就拥有了取胜先手，我们把它叫作"地者之利"。将"地者之利"的理念运用于当今国与国之间的经贸竞争，运用于企业与企业之间的市场博弈，意欲赢得优势，必须抢占战略定位、形象塑造和英才聚集的制高点。

将者，智、信、仁、勇、严也。

——《孙子兵法·计篇》

〔注 释〕

将者：领兵打仗的人，将帅。仁：仁爱，仁慈，仁义。严：严格，严厉。

〔译 文〕

所谓将者，是指真正的将帅应该是足智多谋、奖罚有信、待兵仁义、勇敢果断、执纪严明的人。

〔今 悟〕

人是取得战争胜利的第一要素，而率兵打仗的将帅则是取得战争胜利的灵魂。孙子曰："将者，智、信、仁、勇、严也。"元曲《汉宫秋》云："千军易得，一将难求。"明代军事家赵本曰："智足以料敌，信足以令众，仁足以得士，勇足以倡教，严足以肃政。"无论在战争年代还是和平时期，也无论是治军还是行政，有胆有识、强干多谋、审时度势、执掌有方的将帅，实为任事之强人、军队之瑰宝、国家之栋梁。

法者，曲制、官道、主用也。

——《孙子兵法·计篇》

〔注 释〕

法者：法令，法规，制度。曲制：指军队编制。官道：指将士职责划分和管理制度。主用：主持，在此指军需后勤管理。

〔译 文〕

所谓法者，是指军队的编制、法令、条例和各级指挥官的职责划分管理制度，以及军费、军需等后勤保障制度。

〔今 悟〕

军队是具有高度统一性和纪律性的武装组织。孙子早在战国时期就提出了军队建设和管理的基本原则："法者，曲制、官道、主用也。"他不仅主张军队要条例健全、纪律严明、层级分白，而且倡导军队要分工明确、职能清晰、战勤有序。这一思想对于当代新军事变革仍具有指导意义。如此，军队会更有秩序、效率和责任，也更具战斗力。

吾此計用兵則必敗我當去之也○張預曰將辭也孫子謂今將聽吾
所陳之計而用兵則必勝我乃留此矣將不聽吾所陳之計而用兵
則必敗我乃去之他國矣
以此辭激吳王而求用

計利以聽乃為之勢以佐其

外
其外者常法之外也○李筌曰計利既定乃乘形勢之勢也佐
見聽用然後於常法之外更求兵勢以助佐其事也○賈林曰計其
利聽其謀復當知敵之情我乃設奇譎之勢以動之外者或傍攻或後躡
以佐正陳○梅堯臣曰定計於內為勢於外以助成勝○王哲曰吾
計之利己聽從則我當復為兵勢以佐助其事於外蓋○張預曰孫子又謂吾所計之
列若己聽從則我當復為兵勢以佐助其事於外蓋
兵之常法即可明言於人兵之利勢須因敵而為

勢者因利

而制權也
○曹操曰制由權也權因事制也○李筌曰謀因事勢
○杜牧曰自此便言常法之外勢夫勢者不可先見
或因敵之害見我之利或因敵之利見我之害然後如可制機權而
取勝也○梅堯臣曰因利行權以制之○王哲曰勢者乘其變者也

势者，因利而制权也。

——《孙子兵法·计篇》

〔注 释〕

势：形势，态势。势者：利用形势，使自己处于有利态势的人。因：根据。利：好处。制：制造，制作，掌握，控制。权：权变，变通。

〔译 文〕

所谓势者，是指善于把握和创造于我有利的形势从而趋利避害、权衡变通的人。

〔今 悟〕

形势比人强，体现了唯物主义思想，反映了事物发展的一般规律。孙子提出"势者，因利而制权也"，其意在于告诉人们：要善于把握形势、创造形势和利用形势，通过相机权变、趋利避害，牢牢掌握主动权，使自己处于有利态势。把握、创造和利用形势，也即因势而为，因势利导。如此，人就可能走在形势前头。

兵者詭道也

○張預曰所謂勢者須因事之利制為權謀以勝敵耳故不能先言也自此而後略言權變

曹操曰兵無常形以詭詐為道○李筌曰軍不厭詐譎不可以行權非權不可以制敵○王晳曰詭者所以求勝敵御衆必以信也○張預曰用兵雖本於仁義然其取勝必在詭詐故曳柴揚塵摩壘藥枝之譎也萬弩齊發孫臏之奇也千牛俱奔田單之權也囊沙壅水淮陰之詐也此皆用詭道而制勝也

故能而示之不能

張預曰實強而示之弱實勇而示之怯也

用而示之不用

李筌曰言己實用師外示之怯也漢將陳豨反孫臏斬龐涓之類也連兵匈奴高祖遣使十輩視之皆言可擊後遣婁敬報曰匈奴不可擊上問其故對曰夫兩國相制宜矜誇其長今臣往徒見羸老此必能而示之不能臣以為不可擊也高祖怒曰齊虜以口舌得官今妄沮吾衆械婁敬于廣武以三十萬衆至白登高祖為匈奴所圍七日乏食此師外示之以怯之義也○杜牧曰此乃詭詐藏形夫形也者不可使見於敵敵人見形必有應傳曰鷙鳥將擊必藏其形夫形如匈奴

兵者，诡道也。故能而示之不能，用而示之不用，近而示之远，远而示之近。

——《孙子兵法·计篇》

〔注释〕

诡：诡诈，诡秘，诡变。道：学问，方法，计谋。用：有用，需要。示之：做给人看，表现为。

〔译文〕

所谓兵者，就是运用诡诈和诡秘的方法用兵打仗的学问。有能力却装作没能力，有需要却装作没需要，想去近处却装作要去远处，想攻打远的地方却装作攻打近的地方。

〔今悟〕

战争的唯一目的是获得胜利。为了获得胜利可以施用各种谋略和手段，而采用诡诈多端、迷惑性很强，使人产生错觉的计谋和招数往往是取胜的有效方法，孙子称其为诡道。这也是《孙子兵法》谋略思想的组成部分。运用诡道需要底蕴深厚、足智多谋、匠心独运，也需要谙熟瞒天过海、声东击西、无中生有、暗度陈仓、欲擒故纵、浑水摸鱼等计谋。

利而诱之，乱而取之，实而备之，强而避之，怒而挠之，卑而骄之，佚而劳之，亲而离之。

——《孙子兵法·计篇》

〔注 释〕

实：充实，实力。备：准备。挠：激怒，挑逗。卑：轻视。佚：安闲，安逸。

〔译 文〕

对贪利之敌以诱饵诱惑，对混乱之敌要乘机攻取，对有实力之敌要充分防备，对强悍之敌要避其锋芒，对易冲动之敌要设法激怒，对轻视我方之敌要使其更加骄狂，对休整充分之敌要使其疲惫，对内部团结之敌要设法离间。

〔今 悟〕

此句讲的是《孙子兵法》的攻敌诡道八法。其要义在于针对乱军佚军、悍兵骄兵等不同状态和特点的敌人，采取不同的对策和战法。这既是应敌作战之秘诀，也是相机处置之妙法。它告诉人们：凡事都要具体情况具体分析，针对不同情况采取不同对策。也就是人们常说的对症下药、有的放矢。

攻其无备，出其不意。

——《孙子兵法·计篇》

〔注 释〕

　　无备：没准备，懈怠。不意：没料到，意外。

〔译 文〕

　　在敌人没有准备时发动攻击，在敌人意想不到时采取行动。

〔今 悟〕

　　"攻其无备，出其不意"这一千古流传的军事名言，是《孙子兵法》诡道的精髓。在战争中，乘敌无备，假敌不意，若决积水于千仞之溪，以迅雷不及掩耳之势发起攻击，乃百战百胜之良策。这不仅适用于军事斗争，而且用于政治、经济、外交等竞争博弈也不无裨益。

地七百餘里是也

此兵家之勝不可先傳也　曹操曰傳猶洩也兵無常勢水無常
形臨敵變化不可先傳也故料敵在心察機在目也○李筌曰無備
不意攻之必勝此兵之要祕而不傳也此言上之
所陳悉用兵取勝之策固非一定之制見敵之形始可施為不可先
事而言也○梅堯臣曰臨敵應變制宜豈可預傳述前言之○王晳曰言夫
校計行兵是謂常法若乘機決勝則不可預傳也○張預曰言
上所陳之事乃兵家之勝策須臨敵制宜不可以預先傳言也

夫

未戰而廟算勝者得算多也未戰而廟算不

勝者得算少也多算勝少算不勝而況於無

算乎吾以此觀之勝負見矣　○曹操曰以吾道觀之矣○李筌曰夫戰者決勝

廟堂然後奧人爭利几伐數懷遠推云固存兼弱攻昧背物情之所

出中外離心如商周之師者是為未戰而廟算勝太一遁甲置算之

多算胜，少算不胜，而况于无算乎！

——《孙子兵法·计篇》

〔注 释〕

多算：多谋划盘算。少算：少谋划盘算。无算：没有谋划盘算。

〔译 文〕

谋划盘算得周密就能取胜，谋划盘算有疏漏就会失败，更何况不作谋划盘算呢！

〔今 悟〕

"多算胜，少算不胜"是个常识性问题，也体现了谋事执事的客观规律。"行成于思而毁于随""谋先事则昌，事先谋则亡""计熟事定，举必有功""运筹帷幄之中，决胜千里之外"等古训讲的都是这个道理。勤于思索，精于盘算，筹划在先，胜券在握。

法因六十筭巳上爲多筭六十筭巳下爲少筭客多筭臨少筭主人

敗客少筭臨多筭主人勝此皆勝敗易見矣○杜牧曰廟筭者計算

於廟堂之上也○梅堯臣曰多筭故未戰而廟謀先勝少筭故未戰

而廟謀不勝是不可無筭矣○王晳曰此懼學者惑不可先傳之說

故復言計篇義也○何氏曰計有巧拙成敗繫焉○張預曰古者興

師命將必致齋於廟授以成筭然後遣之故謂之廟筭籌策深遠則

其計所得者多故未戰而先勝謀慮淺近則其計所得者少故未戰

而先負多筭少筭其無計者安得無敗故曰勝兵先勝而後求戰

敗兵先戰而後求勝

有計無計勝負易見

作戰篇

曹操曰欲戰必先筭其費務因糧於敵也○

李筌曰先定計然後修戰具是以戰次計之○

篇也○王晳曰計以知勝然後興戰而具軍費猶不可以

久也○張預曰計筭巳定然後宇車馬利器械運糧草約

費用以作戰

備故次計

宋刻本《十一家注孫子》

孙子兵法 。

作戰篇

梅堯臣曰舉師十萬饋糧千里曰費如此師久之戒也○王哲曰內

謂國中外謂軍所也賓客若諸侯之使及軍中宴饗吏士也膠漆車

甲舉細與大也○何氏曰老師費財者慮之○張預曰去國千里

即當因糧若須供餉則內外騷動疲困於路盡耗無極也賓客者使

命與遊士也膠漆者修飾器械之物也車甲者賞犒金革之類也約

其所費日用千金然後能興十萬之師千金言重費也賠賞犒在外

其用戰也勝久則鈍兵挫銳攻城則力屈 曹操曰鈍

弊也屈盡也○杜牧曰勝久謂淹久而後能勝也言與敵相持久而

後勝則甲兵鈍弊銳氣挫衂攻城則人力殫盡屈折也○賈林曰戰

雖勝人久則無利兵貴全勝銳兵挫士傷馬疲則屈○梅堯臣曰

雖勝久則必兵仗鈍弊而軍氣挫攻城而久則力必殫屈○王

皙曰屈窮也錄勝以久則鈍弊折挫攻城則益甚也○張預曰及久

交兵合戰也久而後能勝則兵疲氣沮矣千里攻城則力必困屈

暴師則國用不足 孟氏曰久暴師露衆千里之外則軍國

費用不足相供○梅堯臣曰師久暴於

其用战也胜，久则钝兵挫锐。

——《孙子兵法·作战篇》

〔注 释〕

钝：不锋利。钝兵：使军队疲惫。挫锐：使士兵锐气受挫。

〔译 文〕

大军作战重要的是取胜且迅速取胜，战事旷日持久，势必造成士兵疲惫、锐气受挫。

〔今 悟〕

军队作战贵在速胜，这是战争的重要原则。战事如果旷日持久，势必使得三军疲惫不堪，将士锐气严重受挫，"久则钝兵挫锐"乃用兵之大忌。《左传·庄公十年》名言"一鼓作气，再而衰，三而竭"讲的也是这个道理。

王之舉必以死從此則指日刻期天下必定敬業欲從其策辤璋又
說曰金陵之地王氣已見宜早應之兼有大江設險足可以自固請
且攻取常潤等州以為王霸之業然後率兵北上鼓行而前此則退
有所歸進無不利實良策也敬業以為然乃自率兵四千人南渡以
擊潤州思恭密謂杜求仁曰兵勢宜合不可分今敬業不知并力渡
淮率山東之眾以合洛陽必無能成事果敗○張預曰但能取勝則
寧拙速而無巧久若司馬宣王伐上庸以一月　**夫兵久而國**
圖一年不計死傷與糧競者斯可謂欲拙速也

利者未之有也　李筌曰春秋曰兵猶火也弗戢將自焚○賈
林曰兵久無功諸侯生心○杜佑曰兵者凶

故不盡知用兵之害者則不能盡　李筌曰利害相倚之所生先知其害然後知
器久則生變若智伯圍趙逾年不歸卒為襄子所擒身死國分故新
序傳曰好戰窮武未有不云者也○梅堯臣曰力屈貨殫何利之有

知用兵之利也　其利也○杜牧曰害之者勞人費財利之者
財竭於國何利○張預曰師老

夫兵久而国利者，未之有也。

——《孙子兵法·作战篇》

〔注 释〕

兵久：长期用兵打仗。国利者：指对国家有利的事。

〔译 文〕

长期用兵作战而对国家有利的事从来没有过。

〔今 悟〕

孙子深知战争需要付出沉重的代价，造成严重的危害。所以，他首先主张"不战"，即以"不战而屈人之兵"的方式战胜敌人；其次在非战不可的情况下，主张"不久战"，即以宜速不宜久、速战速决的方式战胜敌人，最大限度地降低资源耗费、人员伤亡，甚至国力衰退、民不聊生等灾难发生的可能性。由此可以认为"夫兵久而国利者，未之有也"是孙子"不战而屈人之兵"思想的深化。

故不尽知用兵之害者，则不能尽知用兵之利也。

——《孙子兵法·作战篇》

〔注 释〕

尽：全部，穷尽。害：害处，危险。利：好处，益处。

〔译 文〕

不能详尽了解用兵害处的人，也就不能全面了解用兵的好处。

〔今 悟〕

"不尽知用兵之害者，则不能尽知用兵之利也。"孙子这番话彰显了中国古老智慧，它告诉人们：凡事要先知其害，后明其利，再谋其益。或者说要先避害，再趋利。这就是人们常讲的底线思维、逆向思维。"得意路上易出险"，遇事要反其道而思之，先做好风险评估，做好防患于未然的准备，此乃谋事成事之要。

故杀敌者，怒也；取敌之利者，货也。

——《孙子兵法·作战篇》

〔注 释〕

怒：发怒，气势强盛。货：物品，货物。

〔译 文〕

要使将士们英勇作战，就必须激发他们同仇敌忾的气势；要使将士们勇于夺取敌军物资，就必须给予他们物质奖励。

〔今 悟〕

管理学认为，激励是调动人的积极性的管理手段和领导艺术。有精神激励、物质激励和情感激励三种形式，每一种激励都可以直接影响人的心理和行为。"故杀敌者，怒也；取敌之利者，货也"，讲的道理就是通过情感激励来增强将士同仇敌忾、英勇杀敌的气势，用物质激励来激发将士英勇作战、不怕牺牲的精神。激将之怒，群情振奋；重赏之下，必有勇夫。这难道不是古老的、行之有效的管理学理论吗？

故兵贵胜，不贵久。

——《孙子兵法·作战篇》

〔注 释〕

贵：重要，可贵。胜：取胜，胜利，制服。

〔译 文〕

用兵打仗，重要的是速战速决，而不宜旷日持久。

〔今 悟〕

战争是以极端暴力手段保存自己、消灭敌人的行为，也是一个危害性与时间赛跑的"游戏"。孙子认为，战争的重要原则是"兵贵胜，不贵久"。显而易见，孙子首先强调的是"兵贵胜"，即最重要的是取得战争胜利；其次要求"不贵久"，即作战尽可能速战速决，不宜旷日持久。但到底是打速决战还是打持久战，并不完全取决于作战者的主观意志，而需要研究天时、地利、人和等因素，需要视作战双方力量对比而采用相应策略。可见，如果把孙子"贵胜"思想简单理解为"速胜"，显然是失之偏颇了。

故知兵之将，生民之司命，国家安危之主也。

——《孙子兵法·作战篇》

〔注 释〕

知兵：懂得用兵。司命：神话传说中掌管人的生命的神，也即命运主宰。主：掌管者，主持者，主宰者。

〔译 文〕

懂得用兵打仗的将领，是民众命运的掌握者，也是国家安危的主宰者。

〔今 悟〕

"故知兵之将，生民之司命，国家安危之主也。"这是孙子对于深谙用兵打仗之道的军中将帅的至高评价，将他们视为民众命运的掌握者、国家安危的守护者。这既是崇高荣誉，也是千钧重任。为将帅者，须知可战与不可战、何时战和怎么战。正所谓民为邦本，本固邦宁；将为邦柱，柱牢邦安。

爲我用則是增己之強光武推赤心人人投死之類也故兵貴勝不貴久曹操曰久則不利兵猶火也不戰將自焚也○孟氏曰貴速勝疾還也○梅堯臣曰上所言皆貴速也速則省財用息民力也○何氏曰孫子首尾言兵久之理蓋知兵不可玩武不可黷之深也○張預曰久則師老財竭易以生變故但貴其速勝疾歸故知兵之將生民之司命國家安危之主也曹操曰將賢則國安也○李筌曰將有殺伐之權威欲卻敵人命所繫國家安危矣○梅堯臣曰此言任將之重○王皙曰將賢則民保其生而國家安矣否則民被毒殺而國家危矣明君任屬可不精乎○何氏曰民之性命國之治亂皆主於將將之材難古今所患也○張預曰民之死生國之安危繫乎將之賢否

謀攻篇

曹操曰欲攻敵必先謀○李筌曰合陳爲戰圍城曰攻以此篇次戰之下○杜牧曰廟堂之上計算已定戰爭之具糧食之費悉已用備可以謀攻故曰謀攻也○王皙曰謀攻敵之利害當全策以取之不

宋刻本《十一家注孙子》

孙子兵法 。

谋攻篇

孫子曰凡用兵之法全國為上破國次之　曹操
曰興

師深入長驅距其城郭絕其內外敵舉國來服為上以兵擊破敗而

得之其次也○李筌曰不貴殺也韓信虜魏王豹擒夏說斬成安君

此為破國者及用廣武君計此首燕路遺一介之使奉咫尺之書燕

從風而靡則全國也○貫林日全得其國我國亦全乃為上○杜佑

日敵國來服為上以擊破為次○王晢日若韓信舉燕是也○何氏

日以方略氣勢令敵人以國降上策也○張預日尉繚子曰講武料

敵使敵氣失而師雖形全而不為之用此謂勝也破軍殺將乘堙

發機會眾奪地此皆力勝者即全國破國之謂

也夫弔民伐罪全勝為上為　全軍為上破軍次之　曹操
不得已而至於破則其次也　　　　　　　　牧日司

馬法曰一萬五千五百人為軍　全旅為上破旅次之　曹操
何氏日降其城邑不破我軍也　　　　　　　日五

凡用兵之法，全国为上，破国次之，全军为上，破军次之。

——《孙子兵法·谋攻篇》

〔注释〕

全国：完整占领敌国。破国：攻陷敌国。

〔译文〕

大凡用兵作战的法则，以完整占领敌国领土为上策，攻陷敌国次之；以全部降服敌军为上策，击溃敌军次之。

〔今悟〕

"凡用兵之法，全国为上，破国次之，全军为上，破军次之"，是对孙子战争"全胜"思想的具体诠释。从实效角度看，"全胜"思想要求完整战领敌国，全部降服敌军，大获全胜不仅可以免除无穷后患，而且可以获取他国资源；从方法论角度看，"全胜"思想要求思事想事力求全面完整，谋事行事力求周全到位，成事胜事力求尽善尽美。

百人
為旅全卒為上破卒次之　曹操曰一校巳上至一百人也○李筌曰百人巳上為卒○杜佑曰

一校下至
百人也○
杜牧曰五人為伍○梅堯臣曰謀之大者全得之○李筌曰國軍
卒伍不閒小大全之則威德為優破之則威德為劣○王晢曰國軍
至伍皆次序上下言之此意以策略取之為妙不惟一軍至於一伍
不可不全○張預曰周制萬二千五百人為軍五百人為旅百人為
卒五人為伍自軍至伍

全伍為上破伍次之○
曹操曰百人巳上至五人為伍○何氏曰自軍

皆以不戰而勝之為上　是故百戰百勝非善之善者也
曹操曰未戰而戰自屈勝善也○李筌曰以計勝敵也○陳皥曰戰
必殺人故也○賈林曰兵威遠振全來降伏斯為上也詭詐為謀權
○梅堯臣曰惡乎殺傷殘害也○張預曰戰而後能勝必多殺傷故
破敵衆殘人傷物然後得之又其次也○杜佑曰未戰而敵自屈服

善
云非不戰而屈人之兵善之善者也　敵自屈服○杜

是故百战百胜，非善之善者也；不战而屈人之兵，善之善者也。

——《孙子兵法·谋攻篇》

〔注 释〕

善：良好，高明。屈：屈服，降服。

〔译 文〕

所以能够百战百胜，并非是尽善尽美的结果；不用作战而令敌人屈服，才是最高超的战法。

〔今 悟〕

"不战而屈人之兵"是为世人广为传诵的名言。它可以理解为：兵不血刃，不战而胜。其实质是不以实际战争屈敌，而是运用政治和外交攻势，凭借军事威慑使敌人屈服，这是取得战争胜利的最高境界。这一充满智慧的、至高无上的军事思想菁华，是孙子留给世界的极其宝贵的精神财富。践行"不战而屈人之兵"思想，不仅需要实力、魄力和定力，也需要谋略、胆略和经略。

故上兵伐谋，其次伐交，其次伐兵，其下攻城。

——《孙子兵法·谋攻篇》

〔注 释〕

上兵：指上乘的用兵方法。伐：攻打，讨伐。谋：谋略。伐谋：用谋略计策取得胜利。交：外交。伐交：用外交手段取得胜利。兵：军队，作战。伐兵：用武力手段取得胜利。

〔译 文〕

最上乘用兵之道是以谋略取得胜利，其次是以外交手段取得胜利，再次是以武力击败敌人，最下策是攻打敌人城池。

〔今 悟〕

"上兵伐谋，其次伐交"与"不战而屈人之兵"有异曲同工之妙，都是凭借谋略和实力，运用政治外交和军事手段征服敌人。可见，孙子的伟大贡献不仅在于提出了谋略是强大战斗力的深邃思想，而且在于揭示了外交也是赢得胜利的有效手段。两者都是建立在聪明睿智和坚定自信的基础之上，正所谓文胜斗武胜，巧舌战群雄。

故善用兵者，屈人之兵而非战也，拔人之城而非攻也，毁人之国而非久也，必以全争于天下，故兵不顿而利可全，此谋攻之法也。

——《孙子兵法·谋攻篇》

〔注 释〕

久：持久。全：完整，完全。顿：困顿，疲敝，此处指受挫。利：利益，好处。

〔译 文〕

善于用兵的人，使敌人屈服不靠交战，夺取敌人城池不靠硬攻，毁灭敌人国家不靠久战，争斗天下务求获得完全胜利，这就可以使自己的兵力不受折损而取得全部利益，这正是以谋略取胜之道。

〔今 悟〕

孙子的这番话道出了极其经典的军事思想：其一是赢得战争要"谋胜"，其二是赢得战争要"全胜"。孙子认为，"谋胜"是取得战争胜利的最佳方法，能够智取就不用强攻，能够用政治和外交手段化干戈为玉帛就不以军事手段兵戎相见，即"屈人之兵而非战也，拔人之城而非攻也，毁人之国而非久也"。同时，在孙子看来，获得"全胜"、取得"全利"又是战争的最完美结果，就是以最小代价获取最大甚至全部利益，即"必以全争于天下，故兵不顿而利可全"，正所谓征战唯勇，至胜唯谋；用兵唯胜，尽美唯全。

故用兵之法，十则围之，五则攻之，倍则分之，敌则能战之，少则能逃之，不若则能避之。

——《孙子兵法·谋攻篇》

〔注 释〕

十：在此指十倍。围：包围。分：分开，分割。敌：匹敌，相当。不若：不如。

〔译 文〕

用兵打仗的方法是，当我军兵力十倍于敌军时，就将敌军包围起来全部歼灭；当我军兵力五倍于敌军时，就对敌军发起攻击；当我军兵力两倍于敌军时，就设法将敌军分割开来，形成局部优势；当我军兵力与敌军相当时，就要奋力战胜敌军；当我军兵力少于敌军时，就应撤退不与敌军正面交锋；当我军实力不如敌军时，就应尽力避免与之发生冲突。

〔今 悟〕

"固用兵之法，十则围之，五则攻之，倍则分之，敌则能战之，少则能逃之，不若则能避之。"其要义在于根据敌我力量对比情况，而采取围、攻、分、战、逃、避等战法。"十则围之"所昭示的集中优势兵力打歼灭战思想，"不若则能避之"所喻示的三十六计走为上策略，对于两千多年后的今天来说，仍不失为有益的思想方法和行动准则。

故小敌之坚，大敌之擒也。

——《孙子兵法·谋攻篇》

〔注 释〕

小敌：指力量弱小的一方。坚：坚硬，引申为硬拼。大敌：指力量强大的一方。擒：擒获，擒拿。

〔译 文〕

力量弱小的一方如果只知道坚守和硬拼，那就很容易被力量强大的一方所擒获。

〔今 悟〕

"故小敌之坚，大敌之擒也。"其意为，在战争中力量弱小的一方如果一味死守或硬拼，就很容易被力量强大的一方擒获。在孙子眼中，这不啻以卵击石，螳臂当车，正所谓"势不相若，则力不相敌"。依《孙子兵法》之教义，实力弱小的一方若想保全自己，应遵循"少则能逃之，不若则能避之"，三十六计走为上原则；若想战胜强敌，则应施诡道，用谋略。

遂能成功

三軍既惑且疑，則諸侯之難至矣，是謂亂軍引勝。

曹操曰：引奪也。○李筌曰：引奪也，兵權道也，不可謬而使處趙上卿。藺相如言趙括徒能讀其父書，然未知合變。王令以名使括，如膠柱鼓瑟，此則不如三軍之任。趙王不從，果有長平之敗，諸侯之難至也。○杜牧曰：言我軍疑惑自致擾亂，如引敵人使勝我也。○孟氏曰：三軍之衆疑其所為，則鄰國諸侯因其乖錯作難而至也。○王晳曰：引諸侯勝己也。○何氏曰：士疑惑而無畏則亂，故敵國得以乘我隙釁而至矣。○張預曰：諸侯之難作，是自亂其軍，自去其勝。○太公曰：疑志不可以應敵。○梅堯臣曰：君徒知制其人而刃同其政，往俾衆疑惑。故軍士疑惑未肯用命，則諸侯之兵乘隙而至，是自潰其軍自奪其勝也。

故知勝有五。○李筌曰：謂下五事也。○張預曰：謂下五事也。

知可以戰與不可以戰者勝。○李筌曰：料人事逆順，然後以太一遁甲算三門遇奇五將，無關格迫懦，主客之計者必勝也。○

知可以战与不可以战者胜。

——《孙子兵法·谋攻篇》

〔注 释〕

　　知：知道，知晓，明白。

〔译 文〕

　　知道什么情况下可以打仗，什么情况下不可以打仗的人能够获得胜利。

〔今 悟〕

　　"知可以战与不可以战者胜"，是《孙子兵法》知胜之道一。影响战争胜负的因素多种多样，如孙子所言"一曰道，二曰天，三曰地，四曰将，五曰法""兵者，诡道也"……在当今世界，于宏观而言，需要考虑政治、经济、军事、外交、科技和战略资源等大事；于微观而言，需要考虑战略战术、武器装备、实力对比和情报信息等小情。然而，"知可以战与不可以战者胜"所揭示的深刻道理在于：凡事都要做到知彼知己、审时度势，切不可一意孤行，逞匹夫之勇，这是关乎成败的重要前提。

杜牧曰下文所謂知彼知己是也○梅堯臣曰知可不可之宜○王晢曰可則進否則止保勝者也○孟氏曰能料知敵情審其虛實者勝也○何氏曰審己與敵之道也○張預曰可戰則進攻不可戰則退守能審攻守之宜則無不勝

識眾寡之用者勝

李筌曰量力也如王翦伐荊曰非六十萬不可是也○杜牧曰先知敵之眾寡然後起兵以應之兵之形有眾而不可擊寡或可以弱制強而能變之者勝也在和不在眾是也○梅堯臣曰量力而動○王晢曰謂我對敵兵之形春秋傳曰師克在和不在眾是也○張預曰用兵之法有以少而勝眾者有以多而勝寡者眾寡圍攻分戰是也在乎度其所用而不失其宜則善如吳子所謂用眾者務易用少者務隘是也

上下同欲者勝

曹操曰君臣同欲○李筌曰觀士卒心上下同欲如報私仇者勝○陳皞曰言上下共同其利欲則三軍無怨敵可勝也傳曰以欲從人則可人從欲鮮濟也○杜佑曰言君臣和同勇而戰者勝故孟子曰天時不如地利地利不如人和○梅堯臣曰心齊一也○王晢曰上下一心若先穀剛愎以取敗吕布違異以致亡皆上下不同欲之

识众寡之用者胜。

——《孙子兵法·谋攻篇》

〔注 释〕

识：了解，认识。众：多。寡：少。用：作用。

〔译 文〕

知道兵力多与兵力少的用兵方法的人能够获得胜利。

〔今 悟〕

"识众寡之用者胜"，是《孙子兵法》知胜之道二。对此孙子给出了明确答案："固用兵之法，十则围之，五则攻之，倍则分之，敌则能战之，少则能逃之，不若则能避之。"可见，"识众寡之用者胜"所揭示的道理在于：凡事都要因情而治，因材施用，这是取得成功的有效方法。

上下同欲者胜。

——《孙子兵法·谋攻篇》

〔注 释〕

欲：希望，欲望，想要。

〔译 文〕

将士上下同心同德的军队能够打胜仗。

〔今 悟〕

"上下同欲者胜"，是《孙子兵法》知胜之道三。其所喻之意简单明了，史上诸多古训也都昭示了这个道理。《周易》言"兄弟同心，其利断金"，《孟子》言"天时不如地利，地利不如人和"，《后汉书》言"万众一心，犹不可当"，民间谚语说"人心齐，泰山移"。联系当下，新冠肺炎大疫全球蔓延，在人类前途和命运受到前所未有的威胁面前，没有人是一座孤岛，没有一邦一国可以独善其身。正如《红楼梦》所言"一损皆损，一荣皆荣"，要战胜疫情，唯有同舟共济，唯有携手并肩！

以虞待不虞者胜。

——《孙子兵法·谋攻篇》

〔注 释〕

虞：预料，准备，防备。

〔译 文〕

有准备的军队与没准备的军队作战能够取得胜利。

〔今 悟〕

"以虞待不虞者胜"，是《孙子兵法》知胜之道四。这是一个具有常识性的普遍真理，它的重要意义在于：凡事都要讲求个"虞"字，即做事要有充分准备。做事"以虞"，就会有备无患、有备而来，胜算就大，成功率就高；反之，做事"不虞"，就会仓促应战、措手不及，胜算就小，成功率就低。有备则制人，无备则制于人。

其後燕人畏鄭三軍而不虞制人六月鄭二公子以制人敗燕師于

北制君子曰不備不虞不可以師又楚子重自陳伐莒圍渠丘渠丘

城惡衆潰奔莒楚入渠丘莒人囚楚公子平楚久曰勿殺吾歸而俘

莒人殺之楚師圍莒莒城亦惡庚申莒潰楚遂入鄆莒無備故也君

子曰恃陋而不備罪之大者也備豫不虞善之大者也莒恃其陋而

不修城郭浹辰之間而楚克其三都無備也夫○張預曰常爲不可

勝以待敵故吳起曰出門

如見敵士季曰有備不敗

將能而君不御者勝

馬法曰進

退惟時無日寡人也○李筌曰將在外君命有所不受者勝真將軍

也吳伐楚公子光弟夫槩王至請擊楚子常不許夫槩曰所謂見

義而行不待命也今日我死楚可入也以其屬五千先擊子常敗之

審此則將能而君不能御也晉宣帝拒諸葛於五丈原天子使辛毗

役節軍門曰敢問戰者斬亮聞笑曰苟能制吾豈千里請戰假言天

子不許示武於衆此是不能之將○杜牧曰尉繚子曰夫將者上不

制乎天下不制乎人故兵者凶器也將者死官也○杜

佑曰將既精能曉練兵勢君能專任事不從中御故王子曰指授在

将能而君不御者胜。

——《孙子兵法·谋攻篇》

〔注 释〕

能：有本事，有才干。御：驾驭，引申为掣肘、制约。

〔译 文〕

将帅有才能而君主不掣肘的会获得胜利。

〔今 悟〕

"将能而君不御者胜"，是《孙子兵法》知胜之道五。孙子视此为取胜之道，足见其重要性。在现实中，对于"将能而君不御"的道理往往是知易行难。要做到这一点，既需要有智慧、有胸怀、有度量，也需要有制度、有机制、有保障。

君決戰在將也○梅堯臣曰自閫以外將軍制之○王晳曰君御能
將者不能絕疑忌耳若賢明之主必能知人固當委任以責成効推

穀授鉞是其義也攻戰之事一以專之不從中御所以一威且盡其
才也況臨敵乘機間不容髮安可遙制之乎○何氏曰古者遣將於

太廟親操鉞持其首授其柄曰從此以上至天者將軍制之乃復操
柄授與刃曰從此以下至淵者將軍制之故李牧之為趙將居邊軍

市之租皆自用饗士賞賜決於外不從中御也周亞夫之軍細柳軍
中唯聞將軍之命不聞天子之詔也蓋用兵之法一步百變見可則

進知難而退而曰有王命焉是白大人以救火也未及反命而煨燼
久矣曰有監軍焉是作舍道邊也謀無適從而終不可成矣故御能

將而責平猾虜者如絳韓盧而求獲狡兔者又何異焉○張預曰將
有智勇之能則當任以責成功不可從中御也故閫外之事將軍

裁之 **此五者知勝之道也** 曹操曰此上五事也 **故曰知彼知己**

者百戰不殆 李荃曰量力而拒敵有何危殆乎○杜牧曰以
我之政料敵之政以我之將料敵之將以我之

知彼知己者，百战不殆；不知彼而知己，一胜一负；不知彼不知己，每战必殆。

——《孙子兵法·谋攻篇》

〔注 释〕

知：了解，知道，明白。殆：危险，灾祸，引申为失败。

〔译 文〕

了解敌方也了解自己，每次作战都没危险并可获胜；不了解敌方，但了解自己，胜负的几率各占一半；既不了解敌方又不了解自己，每战必败。

〔今 悟〕

"知彼知己者，百战不殆"，几乎是《孙子兵法》中人们最耳熟能详的千古名句，也是孙子对知行关系的著名论断。知彼知己，就是凡事要做到对事物的内事外情了如指掌，对博弈双方的状况了然于胸。这是思想方法，是行为准则，也是应对竞争、赢得胜利的基本前提。在现实生活中，人们做事往往容易一厢情愿，淡忘了这个极其浅显但又极为要紧的道理。知彼者立，知己者明。在急剧变化的世界中，做到既知彼又知己显然是需要反复修炼的基本功。

○王皙曰但能計己不知敵之強弱則或勝或負○張預曰唐太宗曰今之將臣雖未能知彼苟能知己則安有不利乎所謂知己者守吾氣而有待焉者也故知守而不知攻則勝負之半

不知彼不知己每戰必殆

李筌○杜佑曰外不料敵内不知己用戰必殆○梅堯臣曰一不知何以勝○王皙曰全昧於計也○張預曰攻守之術皆不知以戰則敗

形篇

曹操曰軍之形也我動彼應兩敵相察情也○李筌曰形謂主客攻守八陳五營陰陽向背之形○杜牧曰因形見情無形者情密有形者情踈密則勝踈則敗也○王皙曰形者定形也謂兩敵強弱有定形也善用兵者能變化其形因敵以制勝○張預曰兩軍攻守之形因也隱於中則人不可得而知見於外則敵乘隙而至形因攻守而顯

故次謀攻

宋刻本《十一家注孫子》

孙子兵法

。

形篇

孫子曰昔之善戰者先爲不可勝
（張預曰所謂以知己者也）

以待敵之可勝
（梅堯臣曰藏形内治伺其虛懈也○張預曰所謂知彼者也）

不可勝在
（曹操曰自修理以待敵之虛懈也○李筌曰夫善用兵者爲不可勝也夫善戰者能爲不可勝深壁多具軍食善其教練攻其）

己可勝在敵
（善戰者掎角勢連首尾相應者善戰者守則在山川丘陵背孤向虛從疑擊開）

城則尚橦棚雲梯土山地道陳則在山川丘陵背孤向虛從疑擊開

不能使敵之必可勝故曰勝可知而不可爲不可勝者守也可勝者
攻也此數者以爲可勝也○杜牧曰自整軍事長有待敵之備開跡

藏形使敵人不能測度因伺敵人有可乘之便然後出而攻之○杜

故待敵之關則可勝之言制敵在外故自修理以候敵之虛懈已見

佑曰先咨之廟堂慮其危難然後高壘深溝使兵練習以此守備之

敵有關漏之形然後可勝○王晳曰不可勝者修道保法也可勝者

有所陳耳○張預曰守之故在己攻之故在彼

故善戰者能爲不可勝
（不可勝）

（杜牧曰）

昔之善战者，先为不可胜，以待敌之可胜。不可胜在己，可胜在敌。

——《孙子兵法·形篇》

〔注 释〕

昔：往日，以前，过去。待：等待。

〔译 文〕

从前善于打仗的人，首先要做到自己不可战胜，然后再择机战胜敌人。不被敌人战胜，关键在于自己不犯错误。能否战胜敌人，则在于敌方是否有破绽和可乘之机。

〔今 悟〕

孙子的这番话浅显中见深刻，平常中见非常，彰显了极其深邃的思想，道出了非同寻常的真理。对此，知之者寡，惑之者众。何为"不可胜在己"？用兵打仗，想要战胜敌人，首先要不被敌人战胜，这就必须保全自己，尽可能不犯错误或少犯错误，竭尽全力使自己立于不败之地。皮之不存，毛将焉附？这是取得战争胜利的基本前提。何为"可胜在敌"？想要战胜敌人，就必须寻找敌人的软肋、破绽和可乘之机，继而倾力攻击，全力战胜。

胜可知，而不可为。

——《孙子兵法·形篇》

〔注 释〕

不可为：意指不可强求。

〔译 文〕

胜利可以预见，但是不可以强求。

———————————————————

〔今 悟〕

"胜可知，而不可为。"这是孙子对于战争规律的深刻洞悉。其重要启示为：事物发展的规律性、趋势性是可以认知和预见的，但事物的发展、事业的成功又是有前提、有条件的，不具备天时、地利、人和等条件就不可以贸然行动，切不可杀鸡取卵，揠苗助长，违背客观规律而强取强求。

不可胜者，守也；可胜者，攻也。守则不足，攻则有余。

——《孙子兵法·形篇》

〔注 释〕

　　守：防守，防御。攻：进攻，攻击。

〔译 文〕

　　不被敌人战胜，靠的是稳固防守；能够战胜敌人，靠的是锐意进攻。防守是因为兵力不足，进攻则是因为兵力充裕。

〔今 悟〕

　　在孙子军事思想中，稳固防守和锐意进攻均为取胜之道。他提出"不可胜者，守也"，即要想不被敌人战胜必须稳固防守，稳固防守也是胜利，是非攻之胜，或者叫作"守胜"，这其中蕴含了以守为攻、以静制动的辩证法思想；他还提出"守则不足，攻则有余"，即作战采取攻势还是守势，要视兵力多寡、战力强弱而定，这其中又体现了实事求是、量力而行的唯物主义思想。

關也後人謂不足爲爲

弱有餘爲強者非也善守者藏於九地之下善攻者

動於九天之上故能自保而全勝也

之固者藏於九地之下因天時之變者動於九天之上○李筌曰天山川丘陵曹操曰因

一遁甲經云九天之上可以陳兵九地之下可以伏藏常以直符加

時于後一所臨宮爲九天後二所臨宮爲九地地者靜而利藏天者

運而利動故魏武不明二遁以九地爲山川九天爲天時也夫以天

一太一之遁幽微知而用之故全也經云之三避五魁然獨處能知

三五橫行天下以此法出九者高深數之極○陳皥曰春三月寅功

如來天上不可得而見之攻者勢迅聲烈疾若雷電守者韜聲

曹爲九天之上申傳送爲九地之下夏三月午勝先爲九天之上子

神后爲九地之下秋三月申傳送爲九地之下也○杜佑曰善守

冬三月子神后爲九天之上午勝先爲九地之下也○杜佑曰善守

備者務因其山川之阻丘陵之固使不知所攻言其深密藏於九地

滅跡幽比鬼神在於地下不可得而見二遁以九地爲山川九天

者則其義也

善守者，藏于九地之下；善攻者，动于九天之上，故能自保而全胜也。

——《孙子兵法·形篇》

〔注 释〕

　　九地：地下的最深处。九天：天上的最高处。

〔译 文〕

　　善于防守的军队，就像隐藏在地下最深处一样让人不知踪影；善于进攻的军队，就像从天上最高处降落一样出其不意。这样的军队能够保护自己并战胜敌人。

〔今 悟〕

　　在汉语中，九地，言其深不可测；九天，言其高不可知。孙子在两千多年前提出的"善守者，藏于九地之下；善攻者，动于九天之上"，尽管讲的是战争的防守与进攻，却几乎达到了人类想象力的极致，这是守必固、攻必克的典范和巅峰。在科学技术高度发展、新经济日新月异的今天，这一理念依然闪烁着令人神往的光芒，依然照亮着探索创新前行的方向。

不可知也動於九天之上喻來而不可備也尉繚子曰洞祕
於地若遂於天是也守則固是自保也攻則取是全勝也

不過眾人之所知非善之善者也　曹操曰當見未
萌○李筌曰知

不出眾知非善也韓信破趙未餐而出井陘曰破趙會食時諸將無
然佯應曰諸乃背水陳趙乘壁望見皆大笑言漢將不便兵也乃破
趙食斬成安君此則眾所不知也○杜牧曰眾人之所見破軍殺將

然後知勝我之所見廟堂之上鑄組之間已知勝負者矣○賈林曰

守必固攻必克能自保全而常不失勝見未然之勝善知將然之敗
謂實微妙通立非眾人之所見也○孟氏曰當見未萌言兩軍已交

雖料見勝負策不能過絕於人但見近形非遠太公曰智與眾同非
國師也○梅堯臣曰人所見而見故非善○王智曰眾常之人見所

以勝而不知制勝之形○張預曰眾人所
知己成巳著也我之所見未形未萌也

戰勝而天下曰

善非善之善者也　曹操曰爭鋒也○李筌曰爭鋒力戰天
下易見故非善也○杜牧曰天下猶上

见胜不过众人之所知，非善之善者也。

——《孙子兵法·形篇》

〔注 释〕

见：认知，看得出。

〔译 文〕

预测胜利没有超过众人的见识，算不上是最理想的。

〔今 悟〕

"见胜不过众人之所知，非善之善者也。"从字面上看，孙子讲的是对战争胜利结果的预测，但其深层意义可以理解为，凡事都要力争出奇，做到极致。对于形势发展要有洞察力，有先见之明；对于行动策划要匠心独运，惟精惟一；对于方案实施要精心组织，一丝不苟。唯此，才会取得不同凡响的效果，才能获得奇胜、大胜甚至全胜。

文言眾也言天下人皆稱戰勝者故破軍殺將者也我之善者陰謀

潛運攻必伐謀勝敵之曰曾不血刃○陳皞曰潛運其智專伐其謀

未戰而屈人之兵乃是善之善者也○梅堯臣曰見不過眾戰雖勝

天下稱之猶不曰善○王晳曰以謀屈人則善矣○張預曰戰而後

能勝眾人稱之曰善是有智名勇功也故云

非善若見微察隱取勝於無形則真善者也

故舉秋毫不爲

多力見日月不爲明目聞雷霆不爲聰耳 曹操曰易

見聞也○李筌曰易見聞也以爲攻戰勝而天下不曰善也夫智能

之將人所莫測爲之深謀故孫武曰難知如陰也○王晳曰眾人之

所知不爲智力戰而勝人不爲善○何氏曰此言眾人之所見所聞

不足爲異也昔烏獲舉千鈞之鼎爲力離朱百步覩纖芥之物爲明

師曠聽蚊行蝱步爲聰也兵之成形而見之誰不能也故勝於未形

乃爲知兵矣○張預曰人皆能也引此以喻眾人之見勝也秋毫謂

兔毛至秋而勁○

古之所謂善戰者勝於易勝者也

細言至輕也

故举秋毫不为多力，见日月不为明目，闻雷霆不为聪耳。

——《孙子兵法·形篇》

〔注 释〕

秋毫：秋季鸟兽身上新长出来的细毛，比喻细微的事物。聪耳：听觉灵敏的耳朵。

〔译 文〕

能够举起极轻微的绒毛并不算是力大无比，能够看见太阳和月亮的光辉并不算是目明眼亮，能够听到雷霆般的声音并不算是听觉灵敏。

〔今 悟〕

"故举秋毫不为多力，见日月不为明目，闻雷霆不为聪耳。"孙子讲了一番再明白、再简单不过的话。难道"兵家至圣""军理泰斗"连如此浅显的道理还要赘述吗？恰恰相反，仔细品味这番话可以悟出极其深刻的寓意。在孙子军事思想中，真正的万钧之力、火眼金睛、听风聪耳，崇尚和追求的是"全胜"，也就是不战屈人、伐谋伐交、诡道奇兵、速胜完胜，这是战争取胜的宗旨。

故善战者，立于不败之地，而不失敌之败也。

——《孙子兵法·形篇》

〔注 释〕

立：站立，站着。失：丧失，失去。

〔译 文〕

善于打仗的军队，总是使自己立于不败之地，而又从不放过打败敌人的机会。

〔今 悟〕

《孙子兵法》反复强调"故善战者，立于不败之地"，即善于打仗的军队，首先要保全自己，使自己立于不败之地。这可以说是用兵打仗的第一要义，但其内容还不够完整，还得加上"而不失敌之败也"，即在设法保全自己并且立于不败之地的同时，绝不放过任何可以攻击敌人、打败敌人的战机。立于不败之地并击败对手，这是赢得战争的要诀。

胜兵先胜而后求战，败兵先战而后求胜。

——《孙子兵法·形篇》

〔注 释〕

胜兵：胜利的军队。败兵：失败的军队。

〔译 文〕

胜利之师总是先具备取胜的条件再交战，失败之军总是先仓促开战再谋求胜利。

〔今 悟〕

"胜兵先胜而后求战，败兵先战而后求胜"，体现了《孙子兵法》反复讲述的"可胜与不可胜"的道理，或者叫作"慎战"的理念。是谋定而后动，还是先动而后谋？其成败得失不言自明。《礼记·中庸》的"凡事豫则立，不豫则废"思想，《论语·公冶长》的"三思而后行"主张，毛泽东军事思想中的"不打无准备之仗，不打无把握之仗"论断，都非常清晰地诠释了这个道理。可见，谋定而后动，知止而有得，为古今圣贤所推崇、所遵从。

善用兵者，修道而保法，故能为胜败之政。

——《孙子兵法·形篇》

〔注 释〕

修道：修明治道。保法：保持法度，严明法纪。政：政令，法令。胜败之政：战争胜负的主宰。

〔译 文〕

长于用兵打仗的人，注重修明治道、严肃法度，所以能成为决定战争胜负的主宰。

〔今 悟〕

"善用兵者，修道而保法，故能为胜败之政。"其意为，善于统兵打仗的人，能够明确大政方针，把握制胜之道，严明法律制度，所以能够主宰胜负大局。由此可以得出这样的启示：事业发展须从全局着眼，从根本入手，把握正确方向，坚持政治清明、法纪严明、思想开明。如此，事业前进的脚步就不会停歇。

胜者之战民也，若决积水于千仞之溪者，形也。

——《孙子兵法·形篇》

〔注 释〕

若：像，好像。决：决口，冲决。溪：小河。形：状况，形势。

〔译 文〕

军事实力占绝对优势的一方，其将领指挥兵士作战，就像在千仞之高的山涧上决开积水一样所向披靡，这就是"形"的作用。

〔今 悟〕

此处的"形"字，意为"形势"，而"形势"二字的出处正源于《孙子兵法》的"形篇"和"势篇"。谋事做事，如何利用好"形"、借助好"势"显然是大学问。虽有智慧，不如乘势；虽有镃基，不如待时。认清形势，顺应大势，做好自己的事。

十一家註孫子卷中

勢篇
曹操曰用兵任勢也○李筌曰陳以形成如決建
瓴之勢故以是篇次之○王晳曰勢者積勢之變
也善戰者能任勢故以取勝不勞力也○張
預曰兵勢已成然後任勢以取勝故次形

孫子曰凡治衆如治寡分數是也
曹操曰部曲為
分什伍為數○
李筌曰善用兵者將鳴一金舉一旌而三軍盡應號令既定如寡為
○杜牧曰分者分別也數者人數也言部曲行伍皆分別其人數多
以各任偏裨長訓練昇降皆責成之故我所治者寡也韓信曰多多
多益辦是也○陳皞曰若聚兵既衆即須多為部伍部伍之內各有
小吏以主之故分其人數使之訓齊決斷遇敵臨陳援以方略則我
統之雖衆治之益寡○孟氏曰分隊伍也數兵之大數也分數多少
制置先定○梅堯臣曰部伍奇正之分數各有所統○王晳曰分數
謂部曲也偏裨各有部分與其人數若師旅卒兩之屬○張預曰統

宋刻本《十一家注孫子》

孙子兵法 。

势篇

名正然後分奇正奇正審然後
虛實可見矣四事所以次序也

凡戰者以正合以奇勝

曹操曰正者當敵奇兵從傍擊不備也○李筌曰戰無其詐以勝
敵○杜佑曰正者當敵奇者從傍擊不備以正道合戰以奇變取勝
也○梅堯臣曰用正合戰用奇勝敵○何氏曰如戰國廉頗爲趙將
秦使閒曰秦獨畏趙括耳廉頗易與且降矣會頗軍多亡失數敗趙
壁不戰又聞秦反閒之言使括代頗至則出軍擊秦軍佯敗而走
張二奇兵以刼之趙軍逐勝追造秦壁壁堅拒不得入而秦奇兵二
萬五千絕趙軍後又五千騎絕趙壁閒趙兵分爲二被道絕括卒敗
又唐厥犯塞煬帝令唐高祖與馬邑也太守王仁恭率衆備邊會虜
冠馬邑仁恭以衆寡不敵有懼色高祖曰今主上避遠孤城絕援若
不死戰難以圖全於是親選精騎四千出爲遊軍居處飲食隨逐水
草一同於突厥見雲候騎但馳騁獵耳若輕之及與虜相遇則掎角
置陳選善射者爲別隊持滿以待之虜莫能測不敢決戰因縱奇兵
擊走之獲其特勒所乘駿馬斬首十餘級又太宗選精銳千餘騎爲
奇兵皆黑衣玄甲分爲左右隊建大旗令騎將秦叔寶程蛟金等分

凡战者，以正合，以奇胜。故善出奇者，无穷如天地，不竭如江河。

——《孙子兵法·势篇》

〔注 释〕

战者：用兵打仗。以正合：正面作战，用常规战法取胜。以奇胜：以奇兵取胜，用非常规战法取胜。无穷：没有穷尽，没有止境。不竭：不枯竭，流淌不息。

〔译 文〕

大凡用兵打仗，都是以正兵迎敌，以奇兵取胜。善于出其制胜的人，其战法变化，就像广阔无边的天地一样没有尽头，就像奔流不息的江河一样不会枯竭。

〔今 悟〕

用兵打仗无非就是正与奇两手。正兵迎敌有正的作用，奇兵击敌有奇的功效。奇正相生相成，两者相互补充，相得益彰。较之两者，以奇为上。用奇兵、出奇招、使奇技，须因情因境因敌而变。变数无穷，变者无敌。

声不过五，五声之变，不可胜听也；色不过五，五色之变，不可胜观也；味不过五，五味之变，不可胜尝也。

——《孙子兵法·势篇》

〔注 释〕

声：音调。过：超过。变：变化。胜：尽，完。听：耳听。观：观看。尝：品尝。

〔译 文〕

音调不过五种（宫、商、角、徵、羽），但用这五种音调制谱出来的音乐却是听不过来的；基本颜色不过五种（青、黄、赤、白、黑），但用这五种颜色调配出来的色彩却是看不完的；基本滋味不过五种（酸、辛、咸、甘、苦），但用这五种滋味调制出来的味道却是品尝不尽的。

〔今 悟〕

这是《孙子兵法》中最具基础性科学知识的内容。的确，五声、五色、五味等基础元素分别组合配置，不仅可以产生无数种声音、无数种颜色和无数种味道，而且可以形成千般变化，促成万般创新，生成无穷力量。这一新的综合，不正是事物形成、发展和演变的逻辑起点吗？

战势不过奇正，奇正之变，不可胜穷也。

——《孙子兵法·势篇》

〔注 释〕

势：势态，形态。穷：穷尽，尽头。

〔译 文〕

战争的形态不过有正面作战和运用奇兵作战两种。但奇正这两种形态组合起来的变化却是无穷无尽的。

〔今 悟〕

"战势不过奇正，奇正之变，不可胜穷也。"此番话有两个要点：其一，正面迎敌和运用奇兵是作战的两种基本形态；其二，把正面作战和运用奇兵作战这两种战法组合起来又会产生无穷种战法。正所谓奇中有正，正中有奇，奇正相彰，变化无穷。孙子揭示的是作战形态变化的规律性，既有千变万化，又万变不离其宗。由此得到的启示是：凡事应把握其规律性，以变应变，以变应不变，以不变应万变。

端倪也○梅堯臣曰變動周旋之不極○王晢曰敵不能窮窮我也○何氏曰奇正生而轉相爲變化如循歷其環求首尾之莫窮也○張預曰奇亦爲正正亦爲奇變化相生若循環之無本末誰能窮詰

激水之疾至於漂石者

勢也○孟氏曰勢峻則巨石雖重不能止也○杜佑曰言水性柔弱石性剛重至於漂轉大石投之洿下皆由憝疾之流激得其勢○張預曰水性柔弱徑要路激之疾流則其勢可以轉巨石也

鷙鳥之疾至於毁折

者節也 曹操曰發起擊敵○李筌曰柔勢力可以轉剛況於兵者勢者自高注下得險疾之勢故能漂石也節者節量遠近則撺之故能毁折物也○杜佑曰發起討敵如鷹鸇之攫撮也必能挫折禽獸者皆由伺候之明邀得屈折之節也王子曰鷹隼一擊百鳥無以爭其勢猛虎一奮萬獸無以爭其威○梅堯臣曰水雖柔勢迅則漂石鷙雖微節勁則折物○王晢曰鷙鳥之疾亦勢也由勢然後有搏擊之節下要云險故先取漂石以喻也○何氏曰水能動石勢高下之勢

激水之疾，至于漂石者，势也。

——《孙子兵法·势篇》

〔注 释〕

激水：湍急的水流。疾：快，迅速，猛烈。漂石：湍急的水流使石头漂浮起来。势：态势。

〔译 文〕

湍急的水流非常猛烈，可以把大石冲走，这是强大水流的"势"所致。

〔今 悟〕

"激水之疾，至于漂石者，势也。"用湍急汹涌的水流可以冲走大石来形容"势"的强大，这有助于准确把握《孙子兵法》定义的"形"与"势"。孙子把"形"比喻为奔腾而下的高涧流水，把"势"比喻作湍急汹涌的江河激流。可见在孙子眼中"形"与"势"都是强大无比的力量。这个巨大力量可以形成态势和趋势，可以改变局势和形势。我们可以从中得到启示：在事物发展面前，应秉持顺应规律、顺势而为的理念。如此，不仅事成，而且功倍。

也鷙能搏物能節其遠近也○張預曰鷹鸇之擒鳥崔必節量遠近

伺候審而後擊故能折物尉繚子曰便吾器用養吾武勇發之如鳥

擊李靖曰勢為鳥將擊擘車飛

歛翼皆言待之而後發也

是故善戰者其勢險 其節短

也○杜牧曰險者言戰爭之勢發則殺人故下文喻如彉

弩○王晢曰險者折以致其疾也如水得險隘而成勢

曹操李筌曰短近也○杜牧曰言以近節也如鷙鳥之發近則搏之

力全志專則必獲也○杜佑曰短近也節斷也短近言能因危取勝

以卒擊近也○梅堯臣曰險則迅疾故戰之勢當險疾而短近兵之

也○王晢曰鷙之能搏者發必中來勢遠而所搏之節至短也

乘機當如是耳曹公曰短者近也○孟氏同杜牧註○張預曰險疾

短近也言善戰者先度地之遠近形之廣狹然後立陳使部伍行列

勢如彉弩節如發機

相去不遠其進擊則以五十步為節不

可過遠故勢迅則難禦節近則易勝

曹操曰在度不遠發則中也○李筌曰弩不疾則不達矢不近

機則不中勢尚疾節務速○杜牧曰彉張也如弩已張發則殺人

是故善战者，其势险，其节短，势如旷弩，节如发机。

——《孙子兵法·势篇》

〔注　释〕

势险：形势险峻。节：时节，此处指时机。旷弩：拉开弩箭弓弦。发机：拨动弩弓发矢机。

〔译　文〕

卓越的指挥官善于把控和利用险峻形势，迅速发起猛烈攻击，就像拉开弩箭弓弦，瞬间拨动弩弓发矢机。

〔今　悟〕

"是故善战者，其势险，其节短，势如旷弩，节如发机。"这段话讲的是率兵打仗的战术，但引申来喻示的是对危机的处置方法。它告诫执事者：面对突如其来的危机，就像率领军队打仗一样，必须直面敌情，洞悉时势，当机立断，迅即出手。力争在最短时间内掌控局面，赢得主动，从而化解危机，转危为安。正所谓时来易失，赴机在速。

纷纷纭纭，斗乱而不可乱也；浑浑沌沌，形圆而不可败也。

——《孙子兵法·势篇》

〔注 释〕

　　纷纷纭纭：杂乱，混乱，紊乱。斗乱：飞腾杂乱。乱：紊乱，没有秩序。浑浑沌沌：模糊不清。形圆：即圆形。败：失败。

〔译 文〕

　　两军作战旌旗交错、人马混杂，要指挥若定，阵脚不可乱；两军交战狼烟四起、杀声一片，要首尾相接，队形不可散。

〔今 悟〕

　　这段话的深刻意义在于，处纷纭而不乱，遇浑沌而不浊。面对迷局、乱局有条不紊，处置困局、危局从容不迫。何能如此？唯组织严密者，唯训练有素者，唯底蕴深厚者，唯果敢自信者方可担当。此四者不仅不惧怕乱局，而且唯恐不乱，越乱越有机可乘，越乱越可乱中取胜。

治乱，数也；勇怯，势也；强弱，形也。

——《孙子兵法·势篇》

〔注 释〕

数：法则，这里指军队的编制和组织。勇：勇敢。怯：胆小，胆怯。

〔译 文〕

军队的治与乱是由组织形式和编制制度决定的，军队的勇与怯是由战争形势决定的，军队的强与弱是由自身实力决定的。

〔今 悟〕

"治乱，数也；勇怯，势也；强弱，形也。"孙子言简意赅地指出了组织制度、战争态势和自身实力是导致军队治与乱、勇与怯、强与弱的根本原因。引申而言，一个社会的法律制度、公共政策、发展水平和文化传承等因素，决定了这个社会的文明与愚昧、先进与落后、富裕与贫穷、和谐与失序。制度选择不同，社会生态迥异；文化传承不同，社会精神各异。

求之於勢不責於人　故善戰者

予之又取是能以利動之而來也則以勁卒待之
李子靖以卒焉本以本待之者謂正兵節制之師

故善戰者

求之於勢不責於人
杜佑曰言勝負之道自圖於中不來
之下責怒師衆彊使力進也若秦穆

故能擇人而任勢 一作故能擇人而任勢而戰人
作任勢者多矣○曹操曰求

悔過不替
孟明也
之於勢者專任權也不責於人者權變明也○李筌曰得勢而戰謹愼者可守智者可說

怯者能勇故能擇其所能任之夫勇者可戰謹愼者可守智者可說
無棄物也○杜牧曰言善戰者先料兵勢然後量人之材隨短長以

任之不責成於不材者也曹公征張魯於漢中張遼李典樂進將十
千餘人守合淝敎與護軍薛悌署函邊曰賊至乃發敎曰若孫權至者張李將軍出戰樂將軍守

萬人衆圍合淝乃共發敎曰若孫權至彼破我必矣是以
護軍勿得與戰諸將皆疑遼曰公征在外比救至彼破我必矣是以
敎及其末合逆擊之折其威勢以安衆心然後可守成敗之機在此

一舉典與遼同出果大破孫權吳人奪氣還修守備衆心乃安權攻城
十日不拔乃退孫盛論曰夫兵詭道也至於合淝之守懸弱無援專

故善战者，求之于势，不责于人，故能择人而任势。

——《孙子兵法·势篇》

〔注 释〕

求：谋求，索求。势：形势，态势。责：指责，责备。任势：创造和利用形势。

〔译 文〕

善于统兵打仗的人，总是注重创造和利用形势，而不是苛责下属，所以能够选才用人去创造有利态势。

〔今 悟〕

"故善战者，求之于势，不责于人，故能择人而任势。"孙子这段话的主题词是"择人"和"任势"。"择人"即选贤用能，这是军中将帅的职责。"任势"即借势和造势，不仅要善于利用形势，还要善于创造有利态势而用之。能够"择人"是履职尽责，能够"任势"则是胜任担当。

木石之性，安则静，危则动，方则止，圆则行。故善战人之势，如转圆石于千仞之山者，势也。

——《孙子兵法·势篇》

〔注 释〕

木石：木头和石头。性：本质特点。安：安稳，平稳，此指安稳平坦之地。静：安静，平静。危：危险，此指险峻陡峭之地。动：运动，活动。方：方形。圆：圆形。势：态势，形势，趋势。

〔译 文〕

木石的本质特点是放在平坦的地方就会静止不动，放在陡峭的地方就会向下滚冲。木石如果是方形的则会停止下来，木石如果是圆形的则会继续滚动。所以，善于作战的军队所造之"势"，就像圆石从千仞之山上滚下来一样凶猛，这就是所谓的"势"。

〔今 悟〕

孙子这番话讲了一个极其浅显而透彻的道理。木石基于不同的地形、位置和形状，会出现静、动、止、行四种状态。木石之所以呈现出这几种状态，全因背后的一个"势"字所致。这个"势"可以是地势、位势，也可以是气势、声势；可以是态势、趋势，也可以是优势、胜势……它像一只无形的手，造就了事物的动静进止、成败得失。正确认识、把握和运用"势"，无害有益，顺遂无虞。

勢使之也兵在於阻險而不可制禦者亦勢使之也李靖曰兵有三勢

將輕敵士樂戰志勵青雲等飄風謂之氣勢關山狹路羊腸狗門

一夫守之千人不過謂之地勢因敵急慢勢役飢渴前營未舍後軍

半濟謂之因勢故用兵任勢如峻坂走丸用力至微而成功甚博也

虛實篇

曹操曰能虛實彼己也○李筌曰善用兵者

以虛為實善破敵者以實為虛故次其篇○

杜牧曰夫兵者避實擊虛先須識彼我之虛實也○王哲
曰凡自守以實攻敵以虛也○張預曰形篇言攻守之勢篇

說奇正善用兵者先知攻守兩齊之法然後知奇正先知
奇正相變之術然後知虛實蓋奇正自攻守而用虛實由

奇正而見

故次勢

孫子曰凡先處戰地而待敵者佚　曹操李筌並曰
力有餘也○實

林曰先處形勝之地以待敵者則有備豫士馬閒逸○杜佑同實林
註○王哲同曹操註○張預曰形勢之地我先據之以待敵人之來

宋刻本《十一家注孙子》

孙子兵法 。

虛實篇

即馳馬欲先據之諸將皆曰虜兵盛而新乘勝不可與爭宜止軍便

地徐思方略異日虜兵方盛臨境獨怵小利遂欲深入若得梜邑三

輔動搖是吾憂也夫攻者不足守者有餘今先據城以俟待勞非所

以爭鋒也遂潛往閉城偃旗鼓行巡不知馳赴之異乘其不意卒擊

鼓建旗而出巡軍驚亂奔走而大破之東魏將周文帝伐西魏軍

過蕭津涉洛至許原西魏將周文帝軍至沙苑齊神武聞周文至引

軍來會戰諸候騎告齊神武軍且至周文步將李弼曰彼衆我寡不

可平地置陳此東十里有渭曲可先據以待之遂軍至渭曲背水東

西爲陳合戰大破之〇張預曰便利之地彼已據之我方趨彼以戰

則士馬勞倦而力不足或罿所戰之地我宜先到立陳以待彼則已

佚矣彼先結陳我後至則我勞矣

若宋人已成列楚師未既濟之類　**故善戰者致人而不**

致於人

李筌曰故能致人之勞不致人之佚也〇杜牧曰致令

敵來就我我當蓄力待之不就敵人恐我勞也後漢張

步將賫邑分遣其弟敢守巨里耿弇進兵先脅巨里使多伐樹木揚
言以填坑塹數日有降者言邑聞賫欲攻巨里謀來救之弇乃嚴令

故善战者，致人而不致于人。

——《孙子兵法·虚实篇》

〔注 释〕

致：招致，致使，在此意为调动。致人：调动人。致于人：被人调动。

〔译 文〕

善于指挥打仗的人，总是调动敌人，而不被敌人调动。

〔今 悟〕

"故善战者，致人而不致于人"，无疑是《孙子兵法》关于指挥作战的重要原则。其要义是：以我为主，主动为上。怎样才能调动敌人而不被敌人所调动？在作战思想上，需要具有坚定而强烈的主动、主导意识；在战术运用上，需要多措并举、虚实结合、动静相宜、刚柔兼济……

出其所不趋，趋其所不意。

——《孙子兵法·虚实篇》

〔注 释〕

出：出击。趋：奔向，疾行。意：意料，料想。

〔译 文〕

我军出击的地方是敌军无法赶到救援的地方，我军发起奔袭出乎敌军意料。

〔今 悟〕

"出其所不趋，趋其所不意"，道出了用兵打仗的精髓。用兵打仗就如同两个拳手搏击，通过闪躲腾挪使对手鞭长莫及、拳拳落空，这就是"出其所不趋"；在闪躲腾挪的同时，出其不意地向对手发起猛烈攻击，拳拳中的，这就是"趋其所不意"。这一要诀不仅适用于军事，在政治、经济、科技、体育等竞争博弈中亦可运用。

故策之而知得失之计，作之而知动静之理，形之而知死生之地，角之而知有余不足之处。

——《孙子兵法·虚实篇》

〔注 释〕

策：筹算，策度。作：兴起，发动，这里有触动之意。形：示形，现形，显露。角：较量。

〔译 文〕

通过筹算分析可以得知敌军作战策略的优劣得失，通过佯动触动可以了解敌军动与静的规律，通过示形于敌可以掌握敌军的强弱分布，通过试探性较量可以发现敌军战力的强弱。

〔今 悟〕

孙子不仅提出了"知彼知己，百战不殆"的精辟论断，而且系统地阐述了知彼的具体方法，创造性地提出了"策""作""形""角"即"筹算""触动""示形""试探"等实战招法。可见，在孙子军事思想中，知彼知己对于用兵博弈的分量之沉重、作用之巨大、意义之深刻，无出其右者。

端也

故善攻者敵不知其所守善守者敵不知

其所攻　曹操曰情不泄也○李筌曰善攻者器械多也東魏高
歡攻鄴是也善守者謹備也周章孝寬守晉州是也○杜
牧曰攻取備禦之情不泄也○賈林曰教令行人心附備守堅固微
隱無形敵人猶豫智無所措也○梅堯臣曰善攻者機密不泄善守
者周備不隙○王晳曰善攻者待敵有可勝之隙速而攻之則使其
不能守也善守者常為不可勝則使其不能攻以不知者攻守之
計不知所出耳○何氏曰言攻守之謀不可測○張預曰夫守則
不足攻則有餘所謂不足者非力弱也蓋示敵以不足則敵必來攻

此是敵不知其所攻也所謂有餘者非力彊也蓋示敵以有餘
則敵必自守此是敵不知其所守也情不外泄積乎攻守者也

微乎微乎至於無形神乎神乎至於無聲故能
平　李筌曰言二道用兵之奇正攻守微妙不可形
於言說也微妙神乎敵之死生懸形於我故曰

為敵之司命

善攻者，敌不知其所守；善守者，敌不知其所攻。

——《孙子兵法·虚实篇》

〔注 释〕

攻者：进攻一方。守者：防守一方。

〔译 文〕

善于进攻的军队，敌人不知道该如何防守；善于防守的军队，敌人不知道该如何进攻。

〔今 悟〕

"善攻者，敌不知其所守；善守者，敌不知其所攻。"简言之，就是能攻善守，令敌不知所措，这是古今中外战者所追求的出神入化的境界。正如孙子的名言曰："善守者，藏于九地之下；善攻者，动于九天之上。"何能如此？既要运用战术谋略，藉以虚实真伪，又要做到我知敌而敌不知我，藉以暗明显隐。

微乎微乎，至于无形；神乎神乎，至于无声，故能为敌之司命。

——《孙子兵法·虚实篇》

〔注 释〕

微：微小，微妙。形：形迹，形状。神：神奇，神异。司命：神话传说中掌管人的生命的神，也即命运主宰。

〔译 文〕

微妙啊微妙，以至于敌军丝毫察觉不到形迹；神奇啊神奇，以至于敌军丝毫听不到声响。这样就能够将敌军命运掌握在手中。

〔今 悟〕

"微乎微乎，至于无形；神乎神乎，至于无声。故能为敌之司命。"大意为，神不知鬼不觉，悄无声息地掌控对手的命运，这是竞争博弈的高超境界。何以能此？需要善于观察、发现并掌握竞争对手的明显短板和致命软肋，在关键时刻出手迎敌，一击制胜。

进而不可御者，冲其虚也；退而不可追者，速而不可及也。

——《孙子兵法·虚实篇》

〔注 释〕

御：防御。冲：冲击，冲锋。虚：空虚，虚弱。

〔译 文〕

我方发起进攻选择敌方实力不济的地方，敌方就不可防御；我方撤退时行动迅速，敌方就追赶不及。

〔今 悟〕

"冲其虚也"，可以理解为能人所不能；"速而不可及也"，可以理解为速人所不及。联想到现代社会生活，何以能人所不能、速人所不及？答案似乎很简单：唯有学习和创新。学习者，持之以恒，为学日益；创新者，不拘一格，日新月异。

故备前则后寡，备后则前寡，备左则右寡，备右则左寡，无所不备，则无所不寡。

——《孙子兵法·虚实篇》

〔注 释〕

备：准备，防备，预备。寡：少，在此指薄弱。

〔译 文〕

如果用兵力防守了前边，那么后边的防守就会减弱；如果用兵力防守了后边，那么前边的防守就会减弱。如果用兵力防守了左边，那么右边的防守就会减弱；如果用兵力防守了右边，那么左边的防守就会减弱。如果用兵力防守所有的地方，那么所有地方的防守就都会减弱。

〔今 悟〕

"无所不备，则无所不寡。"孙子用浅显的话语讲出了深刻的道理：如果做事主次不分，本末倒置，眉毛胡子一把抓，就难免顾此失彼，一事无成。凡事须把握重点，抓住主要矛盾，抓好关键环节，如此就能以一持万，功成事立。

故知战之地，知战之日，则可千里而会战；不知战地，不知战日，则左不能救右，右不能救左，前不能救后，后不能救前。

——《孙子兵法·虚实篇》

〔注 释〕

会战：几路人马赶来作战。

〔译 文〕

如果知道应该在何地、在何时作战，即使几路人马千里奔袭会战都应对裕如。相反，如果不知应该在何地、在何时作战而贸然行动，就会陷入左军不能支援右军、右军不能救援左军、前军不能顾及后军、后军不能照应前军的被动局面和危险境地。

〔今 悟〕

这段话几乎是《孙子兵法》中最通俗和直白的，但浅显中见深奥，简单中显繁难。理会和践行"知战之地，知战之日"并非易事，须知彼知己，须知天时、地利、人和，须知可战与不可战……这既需要眼观六路、耳听八方的真实情报，又需要缜密思考、详细谋划的科学决策。而其中探寻"知"的过程，甚至比作战本身来得更重要、更复杂和更艰辛。

今者遠來而更安緩愚切惠焉王曰孟達眾少而食支一年吾將四
倍於達而糧不淹一月以一月圖一年安可不速以四擊一正命半

解猶當為之是以不計死傷與糧競也今賊眾我寡賊飢我飽雨水
乃爾功力不設賊糧垂盡當示無能以安之既而雨止晝夜攻之竟

平遼東○梅堯臣曰彼有餘不足之處我以角量兩審○王晳曰角
謂相角也角彼我之力則知有餘不足之處然後可以謀攻守之利

形知彼彊弱之所○張預曰有餘彊也不足弱也角量敵
敵彊苟非角 故唐太宗曰凡臨陳常以吾彊對敵弱常以吾弱對
量安得知之

故形兵之極至於無形無形則深間
李筌曰形敵之妙入於無形間不可
窺也○杜牧曰此

不能窺智者不能謀
言用兵之道至於臻極不過於無形無形則雖有間者深來窺我不
能知我之虛實彊弱不泄於外雖有智能之士亦不能謀我也○梅

堯臣曰兵本有形虛實不露是以無形此極致也雖使間者以情鈞
智者以謀料可得乎○王晳曰制兵於無形是謂極致孰能窺而

故形兵之极，至于无形；无形则深间不能窥，知者不能谋。

——《孙子兵法·虚实篇》

〔注 释〕

形：示形（第一个"形"），形迹（第二个"形"）。形兵：伪装示形于敌人之兵。极：极点，极致。间：间谍。窥：察看，看见。知者：知通"智"，聪明的人。谋：谋求，算计。

〔译 文〕

如果将伪装示形的手法运用到极致，使敌人看不出一点形迹和破绽，就会连隐藏很深的间谍也不能发现，致使敌军高明的将领无计可施。

〔今 悟〕

《孙子兵法》的此番话有两个建树：一是创造了"形兵"的概念，即伪装示形于敌人之兵；二是揭示了"形兵"的境界——示敌以伪，致形于无，把伪装示形的手法运用到极致，使敌人看不出一丝形迹和破绽。大伪似大真，有形似无形，这是何等高超的隐身之法、虚实之道啊！

故其战胜不复，而应形于无穷。

——《孙子兵法·虚实篇》

〔注 释〕

不复：不重复。应形：随情而变。

〔译 文〕

每一次取胜的战术都不简单地重复使用，而是根据不同敌情作出无穷种变化。

〔今 悟〕

"故其战胜不复，而应形于无穷"的中心思想是：有的放矢，变化无穷。这是逢战必胜之真经，但说易做难。能够如此，既需要有不拘一格、因情而变的创新思维，也需要谙熟变化多端、变中求胜之道。

夫兵形象水，水之形避高而趋下，兵之形避实而击虚。

——《孙子兵法·虚实篇》

〔注 释〕

形：通"行"，行动，行为。实：充满，坚定，此指强敌。虚：空虚，此指弱敌。

〔译 文〕

军队的行动部署就像流水，水总是从高处向低处流，用兵的战术就是避开强大之敌而攻击虚弱之敌。

〔今 悟〕

避实就虚，以实击虚，是用兵打仗的一般原则。但在特定环境和特殊条件下，不按常理出牌，反其道而行之，避虚击实，出其不意，亦有可能收到出乎意料的功效。

而制流

杜牧曰因地之下○梅堯臣曰順高下

兵因敵而制勝

李筌曰不因敵之勢吾何以制哉夫輕兵不能持久守之必敗重兵挑之必出怒兵辱之彊兵緩之將驕宜畢之將貪宜利之將疑宜反間之故因敵而制勝○杜佑曰言水因地之傾側而制其流兵因敵之虛闕而取其勝者也○梅堯臣曰因敵疆弱而成功○杜牧曰見敵盛衰之形我得因而立勝○何氏曰謂隄防疏導之也○張預曰虛實無疆隨敵而取勝

故兵無常勢

梅堯臣曰敵有變動故無常勢○張預曰敵有變動故無常勢

水無常形

梅堯臣曰因地為形○孟氏曰兵有變化故無常形○王晢曰地有方圓○張預曰地有高下故無常形

能因敵變化而取勝者謂之神

曹操曰勢盛必衰形露必敗故能因敵變化取勝若神○李筌曰能知此道謂之神兵也○杜牧曰兵之勢因敵乃見勢不在我故無常勢形因地乃有形不在水故無常形水因地之下則可漂石兵因敵之

兵无常势，水无常形，能因敌变化而取胜者谓之神。

——《孙子兵法·虚实篇》

〔注 释〕

常：永久的，固定的。势：态势，形势。神：神奇，超出常人的本领。谓之神：称为用兵如神。

〔译 文〕

用兵打仗没有一成不变的战术，就像流水没有固定的形状一样，能够根据敌情变化而采取相应战术取胜，称为用兵如神。

〔今 悟〕

"兵无常势，水无常形"的灵魂是一个"变"字，随境而变，随形而变。世间的一切事物都是在运动和变化之中，每一天的太阳都是新的。凡事都要注重通时达变、因情而变。如此，就能做到出神入化，无往不利。

行之休王四時之代謝日月
之盈具皆如兵勢之無定也

軍爭篇

曹操曰兩軍爭勝○李筌曰爭者趨利也虛
實定乃可與人爭利○王晢曰爭者爭利得
利則勝宜先審輕重計迂直不可使敵乘我勞也○張預
曰以軍爭為名者謂兩軍相對而爭利也先知彼我之虛
實然後能與人
爭勝故次虛實

孫子曰凡用兵之法將受命於君

也李筌曰受君命
也尊廟勝之筭

恭行天罰○張預
曰受君命伐叛逆

合軍聚眾

曹操曰聚國人結行伍選部曲起
營為軍陳○梅堯臣曰聚國之眾
合以為軍○王晢曰大國三軍總三萬七千五百人若悉舉其賦則
總七萬五千人此所謂合軍聚眾○張預曰合國人以為軍聚兵眾

曹操曰軍門為和門左右門為旗門以車為營曰
以為

交和而舍

曰轅門以人為營曰人門兩軍相對為交和○
陳

宋刻本《十一家注孫子》

孙子兵法

。

軍爭篇

李筌曰交闔和雜也合軍之後彊弱勇怯長短向背闔雜而伴之力
相兼後合諸營壘與敵爭之○杜牧曰周禮以旌爲左右和門鄭司
農曰軍門曰和今謂之壘門立兩旌旗表之以敎和出入明次第也○
交者言與敵人對壘而門交相對也○賈林曰舍止也士眾交
雜和合而止於軍中趨利而動○梅堯臣曰軍門爲和門兩軍交對
而舍也○何氏曰和門相望將合戰爭利兵家難事也○張預曰軍
門爲和門言與敵對壘而舍其門相交對也或曰與上下交相和睦
然後可以出兵故吳子曰不和於國不可以出軍不和於軍
不可以
出陳

莫難於軍爭 ○曹操曰從始受命至於交和軍爭難也○
杜牧曰於爭利害難也○梅堯臣曰
自受命至此爲最難○張預曰與
人相對而爭利天下之至難也

軍爭之難者以迂爲
直以患爲利 曹操曰示以遠速其道里先敵至也○杜牧曰
言欲爭奪先以迂遠爲近以患爲利誑紿敵人
使其慢易然後趨也○陳皥曰言合軍聚衆交和而舍皆有舊制
惟軍爭最難也苟不知以迂爲直以患爲利者即不能與敵爭也○

军争之难者，以迂为直，以患为利。

——《孙子兵法·军争篇》

〔注 释〕

迂：曲折，迂回。患：忧患，灾祸。

〔译 文〕

两军作战的最难处在于如何将看似曲折的行军路线变为近直的路线，将危险不利的境遇变为有利的战机。

〔今 悟〕

作为军中将帅，最艰难的使命就是扭转陷入战略被动、失去作战主动权的危局。正如孙子所言："军争之难者，以迂为直，以患为利。"这是决定战局胜负的关键。在作战或竞争中，如何改迂曲为近直，变后手为先手，化不利为有利，转危局为机遇，最是检验将帅称职与否的试金石。

后人发，先人至，此知迂直之计者也。

——《孙子兵法·军争篇》

〔注 释〕

后人发：指比他人后出发。先人至：指比他人先到达。迂直：曲和直。

〔译 文〕

虽然比敌军后出发，却能比敌军先到达。能够如此就是懂得迂直计谋的人。

〔今 悟〕

战争的一般原则是：先发制人，后发制于人；先下手为强，后下手遭殃。而孙子提出了"后人发，先人至"的真知灼见，就是说要后发也制人，这无疑丰富了人类军事思想。如何能够做到后发也制人？至少需要拥有窥敌如指掌的谍报信息、迅雷不及掩耳的攻击能力、一击毙命的攻伐利器。

故军争为利，军争为危。

——《孙子兵法·军争篇》

〔注 释〕

军争：两军之争，两军之战。利：利益，好处。危：危害。

〔译 文〕

两军之争既有有利的一面，又有危害的一面。

〔今 悟〕

孙子的"故军争为利，军争为危"的论断，充分体现了唯物辩证法思想。任何事物都具有两面性，既有有利的一面，又有危害的一面。把握得好会事半功倍，一举数得；处理得不好会事倍功半，事与愿违。军争亦不例外，也是一把双刃剑。在战争中既可能赢得胜利，获取利益；也可能导致失败，招致灾难。对于政治、军事、外交以及其他领域的竞争博弈，都需要客观、准确和全面地认识，特别是需要知晓"智者争之则为利，庸人争之则为危"的道理。

故不知诸侯之谋者，不能豫交。

——《孙子兵法·军争篇》

〔注释〕

谋：计谋，谋略。豫：通"与"。交：结交，交往。

〔译文〕

不了解各诸侯国的意图和谋略，就不能轻易与之结交。

〔今悟〕

合纵连横是中国的古老智慧，产生于战国时期列国纷争的背景下，是纵横家们倡导的军事和外交策略。合纵的原意为：联合弱国，抵抗强国；连横的原意为：联合强国，制衡第三国。但欲合纵、欲连横，就必须弄清楚联合对象国的利益诉求、谋略计策和外交传统，否则不能轻易与之结盟。正如孙子所言："故不知诸侯之谋者，不能豫交。"历史如此，现今如此，未来亦如此。

不知山林、险阻、沮泽之形者，不能行军。

——《孙子兵法·军争篇》

〔注 释〕

沮泽：水草丛生的沼泽地。形：地形。

〔译 文〕

不了解山林、险隘、沼泽等地理环境和地形状况，就不能轻易行进。

〔今 悟〕

"不知山林、险阻、沮泽之形者，不能行军。"孙子的这段话意在告诫人们：行事要有风险意识、忧患意识。对于前路和未来，须未虑胜，先虑负；未虑得，先虑失。如此才能保全自己，才能争取立于不败之地。正所谓谋在先则事成，虑在前则事顺。

故三军可夺气，将军可夺心。

——《孙子兵法·军争篇》

〔注 释〕

夺：剥夺，使丧失。气：志气，士气。心：意志，决心。

〔译 文〕

对敌方三军要挫伤其士气，使之丧失斗志；对敌方将帅要动摇其意志，使之丧失决心。

〔今 悟〕

军队的体制编制、组织纪律、武器装备、战略战术、训练水平和战斗意志，是决定战争胜负的基本要素。孙子认为，瓦解敌军的士气，摧垮敌军的意志是取得战争胜利的关键。有言曰："故三军可夺气，将军可夺心。"可见，军队的高昂士气和官兵的坚韧精神是何等重要、何等宝贵。这就是军队的战斗意志，是敢于压倒一切敌人的英雄气概，也是军队的灵魂所在，它可以转化为强大的战斗力。天地英雄气，千古尚凛然。注重培养和激发官兵的坚强意志和必胜精神，是建军、治军、强军的永恒课题。

故兵以诈立，以利动，以分合为变者也。

——《孙子兵法·军争篇》

〔注 释〕

诈：诡诈，欺骗。立：成立，引申为成功。利：利益。动：行动，驱动。分：分开，分散。合：聚合，合并。变：变化。

〔译 文〕

用兵打仗，须以诡诈谋略取胜，以追求利益驱动，以战场情势决定集中或分散兵力的战术变化。

〔今 悟〕

"故兵以诈立，以利动，以分合为变者也"，高度概括了用兵打仗的一般原则和作战的基本规律。其要点为：第一，作战须以利益来驱动；第二，作战须以谋略来运作；第三，作战须以战术变化来应对。推而广之，大凡在竞争博弈中，都需要综合考虑利益、谋略和变化三个基本要素。

疾暴所向皆靡也

其徐如林
曹操曰：不見利也。○李筌曰：整陳而行。○杜牧曰：徐緩也。言緩行之時，須有行列如林，以防其襲，恐為敵人之掩襲也。○孟氏曰：言緩行須有行列如林。○杜佑曰：不見利不前，如風吹林，小動而其大不移。○梅堯臣曰：林木之森然，不亂也。○王晢曰：齊肅也。○張預曰：徐舒也。舒緩而行，如林木之森森然，未見利也。尉繚子曰：重者如山如林，輕者如火。

侵掠如火
曹操曰：疾也。○李筌曰：如火燎原，無遺草。○賈林曰：侵掠敵國，若火。○杜牧曰：詩云，如火烈烈，燎原不可往復。○張預曰：莫我敢過，言勢如猛火之燎，誰敢禦我。

不動如山
曹操曰：守也。○李筌曰：如山之安。○杜牧曰：闔壁屹然，不可搖動也。○賈林曰：未見便利，敵不可犯，堅守誘詒我，我因不動，如山之安。○梅堯臣曰：峻不可犯。○王晢曰：堅守，日駐車也。○何氏曰：止如山之鎮靜。○張預曰：所以持重也。荀子議兵篇云：圓居而方正，則若盤石然，觸之首角，石之不可稜犯之者，其角立毀。

難知如陰
李筌曰：其勢不測，如陰不能觀萬象。○杜牧曰：如立雲蔽天，不見三辰。○梅堯臣

故其疾如风，其徐如林，侵掠如火，不动如山，难知如阴，动如雷震。

——《孙子兵法·军争篇》

〔注 释〕

疾：快，迅速，迅疾。徐：缓慢。侵掠：侵犯掠夺。阴：阴天，昏暗。雷震：雷击。

〔译 文〕

军队的行动，快速要像疾风一样迅猛异常，缓慢要像树林一样徐徐摆动，侵略要像烈火一样熊熊燃烧，稳重要像大山一样岿然不动，不可测知要像阴天一样隐行潜迹，攻击要像迅雷一样不及掩耳。

〔今 悟〕

孙子用疾风、徐林、烈火、山岳、阴天、雷霆等自然现象和地理景物，形象地描述了军队的动静、行止、攻守、隐显等状态，揭示了军队作战的一般规律。尽管当今全球军事现代化发展程度与孙子时代早已不可同日而语，但是战争的隐蔽性、突然性、迅速性、猛烈性和毁灭性等特征并未改变，而且对取得谋胜、全胜、速胜的要求越来越高。

先知迂直之计者胜，此军争之法也。

——《孙子兵法·军争篇》

〔注 释〕

迂：曲折，迂回。直：不弯曲，正直。

〔译 文〕

率先了解和运用变曲迂为通直之计的人会取得胜利，这是取得军事斗争胜利的法则。

〔今 悟〕

迂直之计是《孙子兵法》中最能体现辩证法思想的计策之一。迂长直短、迂远直近、迂慢直快是尽人皆知的常识，但真正懂得迂中有直、直中有迂、近中有远、远中有近，快中有慢、慢中有快的道理的人却为数不多，能够将这一道理运用于实践者更是少之又少。迂与直是一对矛盾，相生相成，相互转换。为了达到成功的目的，不惜走迂回路、费周折力，这正是迂直之计的高妙之处。

言不相闻，故为金鼓；视不相见，故为旌旗。

——《孙子兵法·军争篇》

〔注 释〕

金鼓：金与鼓，古代军中乐器。金为金钲，鸣金为退；鼓为战鼓，击鼓为进。旌旗：旗帜的统称。

〔译 文〕

在作战中，以喊话来指挥很难听得清楚，所以用金鼓声为号令；以手势来指挥很难看得清晰，所以用旌旗变化为指引。

〔今 悟〕

金鼓易闻，旌旗显见。它们尽管都是为战争而发明使用的，却体现了古人的聪明智慧，显示了古代军队的阵容气势。当今，军队虽然早已实现了通联指挥系统的现代化，但仍然沿袭古老传统，旌旗招展，金鼓奏鸣，不仅可以展示庄重而热烈的仪式感，而且可以彰显军队的威武尊严和气象大观。

善用兵者，避其锐气，攻其惰归。

——《孙子兵法·军争篇》

〔注 释〕

锐气：旺盛的气势。惰：疲惫，懈怠，衰退。

〔译 文〕

善于统军打仗的人，在作战中总是会避开敌人的锐气，等到敌军懈怠和疲惫时再发起攻击。

〔今 悟〕

"善用兵者，避其锐气，攻其惰归"，彰显了孙子取胜之道的基本理念。它告诉人们：在不得不面对的竞争和争斗中，避敌锐气和锋芒，在敌方懈怠和疲惫时发起攻击，是成算最大、代价最小、效率最高的取胜之法。如此，需要有计谋、定力和执行力。

以近待远，以佚待劳，以饱待饥。

——《孙子兵法·军争篇》

〔注 释〕

待：等待。佚：通"逸"，安闲，安乐。劳：疲劳，疲惫。

〔译 文〕

我军以就近阵地等待远征劳倦之敌，我军以养精蓄锐等待奔袭疲惫之敌，我军以饱食之师等待饥饿不堪之敌。

〔今 悟〕

"以近待远，以佚待劳，以饱待饥"的核心思想，是养精蓄锐，以优势迎敌。在作战中采取有备而动、待机而动、以静制动的战略战术，等在敌军必经之路上，等到敌军疲惫之日，选择敌军饥渴之时，一举歼灭之。

可遏迫蓋獸窮則搏也晉師敗齊于鞌齊侯請盟晉人不許齊侯曰

請收合餘燼背城借一晉人懼而與之盟吳夫槩王謂困獸猶鬭漢

趙克國言緩之則走人不顧

急之則還致死蓋亦近之 此用兵之法也

九變篇

曹操曰變其正得其所用九也○王晢曰晢

云九變復貫不知曹公謂何為九或曰九地之變也○張

預曰變者不拘常法臨事適變從宜而行之之謂也凡與

人爭利必知九地

之變故次軍爭

孫子曰凡用兵之法將受命於君合軍聚衆

張預曰已 **圮地無舍** 曹操曰無所依也水毀曰圮○李筌曰地

解上文 下曰圮行必水淹也○陳皞曰圮坦低下也

杜佑曰擇地頓兵當趨利而避害也○梅堯臣曰山林險阻沮澤之

孔明謂之地獄獄者中下四面高也○孟氏曰太下則為敵所囚○

宋刻本《十一家注孫子》

孙子兵法 。

九變篇

涂有所不由，军有所不击，城有所不攻，地有所不争，君命有所不受。

——《孙子兵法·九变篇》

〔注 释〕

涂：通"途"，路，道路。由：从，经由，此处为走。君：君王，君主。命：命令。

〔译 文〕

在作战中，有的路不能通过，有的敌军不能追击，有的城池不能攻取，有的地盘不能争夺，有的时候君王命令不能执行。

〔今 悟〕

"涂有所不由，军有所不击，城有所不攻，地有所不争，君命有所不受"，是《孙子兵法》的"九变"真经，也是成语"将在外，君命有所不受"的词源。讲的是相机权变之计、临机处置之法。它告诉人们：在特殊情况下，在紧急时刻，绝不可以机械行事，必须相机处置，变通应对。这样才能规避意外风险，才不会贻误战机。在当今社会的内政、外交、军事等事务中，"将在外，君命有所不受"应作为一项临机授权制度而传承之、施行之。

是故智者之虑，必杂于利害。杂于利，而务可信也；杂于害，而患可解也。

——《孙子兵法·九变篇》

〔注　释〕

虑：考虑，思虑。杂：混杂，掺杂。务：事情，事务，这里指作战目的。信：通"伸"，伸展，达到。患：祸患，忧患。解：解除，解决。

〔译　文〕

聪明人考虑问题，必定是兼顾利与害两个方面。在困难时多想有利因素，这样才能达到作战目的；在顺利时多想不利因素，这样才能消除祸患。

〔今　悟〕

"是故智者之虑，必杂于利害。杂于利，而务可信也；杂于害，而患可解也。"孙子强调必须全面、辩证地看待问题和处理事务，他告诫人们：作为智者，处于顺境时要居安思危，要有忧患意识；处于逆境时要居危思安，要有坚定信念。正所谓兼顾利害，思虑安危，知识顺逆，百战不殆。

奸人破其政令或為巧詐間其君臣或遺工巧使其人彼財耗或饋
淫樂壞其風俗或與美人惑亂其心此數事若能潛運陰謀密行不
泄貨能害人使之屈折也○梅堯臣曰制之以害則屈也○王晢曰
窮盈於必害之地勿使可解也○張預曰致之於受害之地則自屈
服或曰間之使君臣相疑勞之使民失業所以害之也

役諸侯者以

之也若韋孝寬間斛律光高頴平陳之策是也

業

曹操曰業事也使其煩勞若彼入我出彼出我入也○李筌曰
煩其農也○杜牧曰言勞役使不得休我須先有事業乃
可為也事業者兵衆國富人和令行也○杜佑曰能以事勞役諸侯
之人令不得安佚韓人令奉鑿涇之類是也或以奇技藝業淫巧功
能令其耽之心目內役諸侯若此而勞○梅堯臣曰撓之以事則勞
○王晢曰常若為攻襲之業以弊敵也田常曰吾丘業已加魯矣○
張預曰以事勞之使不得休或曰壓之以富彊之業則可綱○杜牧曰言以
役使若晉國彊鄭人以犧牲玉帛奔走以事之是也

趨諸侯

者以利

曹操曰利誘之使自來也○李筌曰誘之以利○杜牧曰言以
利誘之使自來至我也鄭吾畫中○孟氏曰趨速也善

是故屈诸侯者以害，役诸侯者以业，趋诸侯者以利。

——《孙子兵法·九变篇》

〔注　释〕

屈：屈服。害：祸害，灾祸。以害：用灾祸。役：役使。以业：用劳役。趋：归附。以利：用利益。

〔译　文〕

用灾祸威胁诸侯国使之屈服，用劳役驱使诸侯国使之疲惫，用利益诱惑诸侯国使之归附。

〔今　悟〕

"是故屈诸侯者以害，役诸侯者以业，趋诸侯者以利。"从字面看，讲的是屈敌降寇的战略战术，但细细品味可以感悟到认识问题、解决问题的方法论思想。这其中包含了洞察事务本质、明晰谋事目的、选择适宜措施的三部曲。正如孙子所言，各诸侯国构成了潜在威胁，消除威胁须使其或屈服，或疲惫，或归附，而最恰当的办法就是屈之以害、役之以业、趋之以利。

故用兵之法，无恃其不来，恃吾有以待也；无恃其不攻，恃吾有所不可攻也。

——《孙子兵法·九变篇》

〔注 释〕

恃：依靠，依仗，凭借。待：等待，防备。攻：进攻，攻击。

〔译 文〕

用兵的法则是：不要希冀敌人不会进犯，而要立足自己严阵以待；不要幻想敌人不会进攻，而要依靠自己坚固防御。

〔今 悟〕

"无恃其不来，恃吾有以待也；无恃其不攻，恃吾有所不可攻也。"孙子称其为"用兵之法"，寥寥数语揭示了两个深刻道理：一是有虞有备、常备不懈，永远是立于不败之地的题中之意；二是相信自己、立足自己、做好自己，永远是获得成功的基本前提，或曰第一要义。

故将有五危：必死，可杀也；必生，可虏也；忿速，可侮也；廉洁，可辱也；爱民，可烦也。

——《孙子兵法·九变篇》

〔注 释〕

危：危险，致命。虏：俘虏，俘获。忿速：愤怒急躁。烦：烦扰。

〔译 文〕

针对有五种致命性格弱点将帅的有效招法：对于只知硬拼的，就设计杀死他；对于贪生怕死的，就施计俘虏他；对于急躁易怒的，就侮辱激怒他；对于廉洁自好的，就污蔑折辱他；对于仁慈爱民的，就烦扰疲劳他。

〔今 悟〕

孙子的这番话明确清晰地提出了针对敌方将帅的致命性格弱点，对症下药，因人施策，驱而驭之，战而胜之。由此可见，《孙子兵法》看上去讲的是用兵打仗的战略战术，但细细品味却可以领悟到深邃的唯物论和方法论思想，这正是其恒久不衰、代代传诵的底蕴所在。

堯臣曰力疲則困〇王皙曰以奇兵若將攻城邑者彼愛民必數救
則煩勞也〇張預曰民雖可愛當審利害若無微不救無遠不援則
出其所必趨　使煩而困也陳

凡此五者將之過也用兵之災也　覆軍殺

曰良將則不然不必死不必生隨事而用不必速不耻辱見可如虎
否則開戸動靜以討不可喜怒也〇梅堯臣曰皆將之失爲兵之凶
〇何氏曰將材古今難之其性往往失於一偏爾故孫子首篇言將
者智信仁勇嚴貴其全也〇張預曰庸常之將守一而不知變故取
則於已爲凶於兵智則不然雖勇而不必死雖仁而不可煩也
必生雖剛而不可侮雖廉而不可辱也

將必以五危不可不察也　賈林曰此五種之人不可任
　　　　　　　　　　　　　爲大將用兵必敗也〇梅堯
臣曰當愼重焉〇張預曰言
須識權變不可執一道也

行軍篇　曹操曰擇便利而行也〇王皙曰行軍當
　　　　地便察敵情也〇張預曰知九地之變然後

宋刻本《十一家注孫子》

孙子兵法 。

行军篇

凡军好高而恶下，贵阳而贱阴，养生而处实，军无百疾，是谓必胜。

——《孙子兵法·行军篇》

〔注 释〕

军：军队，此处指驻军扎营。好：喜好。高：高处。恶：厌恶。下：低洼处。贵：重视，重要。阳：阳面，向阳。贱：轻视。阴：阴面，背阴。养生：养护身心，此处指易于休养生息的地方。处实：此处指易于供应物资的地方。疾：疾病。

〔译 文〕

大凡军队都愿意在地势高的地方安营，而不愿意在地势低洼的地方扎寨；都偏重在向阳处安营，而不倾向于在背阴处扎寨。这些安营扎寨的地方有益于休养生息和物资供应，这样军士才会百病不生，才有可能逢战必胜。

〔今 悟〕

"军无百疾，是谓必胜。"兵圣孙子在两千多年前阐释了这个颠扑不破的真理，也即官兵的身体健康是取得战争胜利的基本保障。的确，健康对于一个人、一个家庭、一个民族乃至人类来说都是弥足珍贵的，特别是当瘟疫袭来，当恶疾蔓延，当生活失序……一部人类发展史就是一部人类与瘟疫斗争的历史。曾经数度在欧、亚、美、非等大洲流行的瘟疫，造成了人口骤减、古国灭亡、文明消失和经济衰退等毁灭性灾难。但是，随着人类对自然更多地认知和保护，对科技更好地掌握和运用，对生命更加地敬畏和关爱，人类健康之树越发生机勃勃、繁茂常青。

勢不能久○張預曰以所親愛委質

來謝是勢力窮極欲休兵息戰也

兵怒而相迎久而不

曹操曰備奇伏也○李筌曰是
軍必有奇伏須謹察之○杜牧

合又不相去必謹察之

曰盛怒出陳久不交刃復不解去有所待也當謹伺察之恐有奇伏
旁起也○孟氏曰備有別應○梅堯臣曰怒而來逆我久而不接戰
且又不解去必有奇伏以待我此以上論敵情○張預曰
勇怒而來既不合戰又不引退當密伺之必有奇伏也

兵非益

多也

曹操曰權力均一云兵非貴益多○賈林曰不貴衆擊寡所
貴衆武用力均惟得人者○王晳曰晳謂權力均則足矣○張預
曰兵非增多於惟無武進

敵謂權力均也

惟無武進

曹操曰未見便也○賈林曰武不足
專進專進則暴○王晳曰不可但恃

足以併力料敵取

武也當以計智料敵而行○張預曰武
剛也未能用剛武以輕進謂未見利也

人而已

曹操曰斯養足也○李筌曰兵衆武用力均惟得人者
勝也○杜牧曰言我與敵人兵力皆均惟未能用武前

兵非益多也，惟无武进，足以并力、料敌、取人而已。

——《孙子兵法·行军篇》

〔注 释〕

非：不是。益：更加。惟：只有。武进：恃武冒进。足：足够。并：一起，合并。料：料想，预料。取人：战胜敌人。

〔译 文〕

用兵打仗并非兵力越多越好，只要不恃武冒进，能够集中兵力、明察敌情、战胜敌人就足够了。

〔今 悟〕

"兵非益多也，惟无武进，足以并力、料敌、取人而已。"其大意为，用兵打仗并非兵力多多益善，而应力戒恃武冒进，集中兵力，明察敌情，上下同心，乃胜利之本。纵观古今，进贵慎，情贵明，力贵合，心贵同，已经成为历代兵家遵从的信条。

夫惟無慮而易敵者必擒於人

進者蓋未得見其人也但能於厮養之中揀擇其材亦足并力料敵而取勝不假求於他也〇陳皞曰言我兵力不多於敵又無利便可進不必他國乞師但於厮養中併力取人亦可破敵也〇〇賈林曰雖無繼也兵雖不足以繼進足以智謀料敵併力而取敵人也〇〇梅堯臣曰厮養之輩可也況精兵乎曹說是也〇王皙曰皙謂善分合之變者足以併力乘敵間取勝人而已故雖厮養之輩可也況精兵乎曹說是也〇張預曰兵力既均又未見其兵未足剛進況取人於厮養之中以併兵合力察敵而取勝不必假他兵以助己故尉繚子曰天下助卒名為十萬其實不過數萬其兵來者無不謂其將曰無爲天下先戰此言助卒無益不如已有兵法也

杜牧曰無有深謀遠慮但恃一夫之勇輕易不顧者必爲敵人所擒也〇陳皞曰惟猶獨也此言殊無遠慮但輕敵者必爲其所擒不獨言其勇也左傳曰蜂蠆有毒而況國平則小敵亦不可輕〇王皙曰唯不能料敵但以武進則必爲敵所擒明患不在於不多也〇張預曰不能料人反輕敵以武進必爲人

夫惟无虑而易敌者，必擒于人。

——《孙子兵法·行军篇》

〔注 释〕

虑：顾虑，思虑，考虑。易：轻视，蔑视。擒：擒拿，抓住。

〔译 文〕

既无深谋远虑又傲慢轻敌的人，一定会被敌人擒获。

〔今 悟〕

今天，研读孙子"夫惟无虑而易敌者，必擒于人"的告诫，确有发人深思、令人警醒之感。纵观古今中外军事史，可以知晓优秀和庸劣的将帅成功与失败的原因。大凡既无深谋远虑，又逞一夫之勇，骄横轻敌的将帅，都难以逃脱"必擒于人"的悲剧结局，害己害人，误事误国。唯有精心谋划，严阵以待，实施正确的战略和战术，才能备而无患、战而胜之。

所擒也齊晉相攻齊侯曰吾姑滅此而

朝食不介馬而馳之爲晉所敗是也　卒未親附而罰之

則不服不服則難用也　杜牧曰恩信未洽不可以刑罰

齊之○梅堯臣曰傅至也德以

至之恩以親之恩德未敷罰則不服故怨而難使○王晢曰恩信非

素狹洽於人心未附也○張預曰驟居將帥之位恩信未加於民而

遠以刑法齊之則怒憲而難用故田穰苴曰臣素卑賤士卒　卒

未附百姓不信又伍參曰晉之從政者新未能行令是也　巳

親附而罰不行則不可用也　曹操曰恩信已洽若無

刑罰則驕惰難用也○

梅堯臣曰恩德既洽刑罰不行則驕不可用○王晢曰所謂若驕

子也○張預曰恩信素洽士心巳附則刑罰寬緩則驕不可用也　故

令之以文齊之以武　曹操曰文仁也武法也○李筌曰文

子也○梅堯臣曰恩德威罰○杜牧曰姜子舉司馬

仁恩武罰○王晢曰吳起

是謂必取　杜牧曰

穰苴文能附衆威能敵也○王晢曰吳起

云摠文武者軍之將兼剛柔者兵之事也　文武既

故令之以文，齐之以武，是谓必取。

——《孙子兵法·行军篇》

〔注 释〕

令：命令，号令。文：文化，文教。齐：整齐，统一。武：武力，军事，在此指军纪。取：取得，获得，这里指战胜敌人。

〔译 文〕

所以要用道义教化思想，用纪律统一步调，这样的军队才能逢战必胜。

〔今 悟〕

打造有统一意志、有铁的纪律的军队，是古今中外兵者的夙愿。何能如此？《孙子兵法》早已给出了答案："故令之以文，齐之以武，是谓必取。"也就是用道义教化思想，用纪律统一步调，这样的军队才能逢战必胜。纵观古今，无论是从理论层面看，还是从实践层面看，军队的治理须文武兼施、恩威并用。以道义教化，以纪律管束，以精神褒奖，以物质刺激，实为举旗带队之良法。

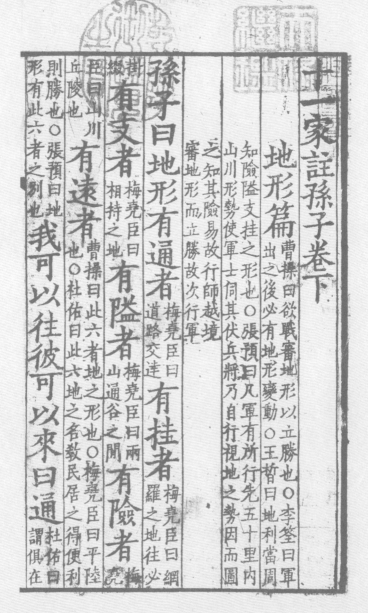

十一家註孫子卷下

地形篇　曹操曰欲戰審地形以立勝也○李筌曰軍出之後必有地形變動○王皙曰地利當圓知險隘支挂之形也○張預曰凡軍有所行先五十里內山川形勢使軍士同其伏兵將乃自行視地之勢因而圖之知其形險易故行師越境審地形而立勝故次行軍

孫子曰地形有通者　道路交達梅堯臣曰網羅之地往必　有挂者　山通谷之閒梅堯臣曰　有支者　相持之地梅堯臣曰曹操曰此六者地之形也○杜佑曰此六地之各數民居之得便利梅堯臣曰平陸　有隘者　羅之地往必　有險者　梅堯　有遠者　地也○杜佑曰此六者地之形也○張預曰地形有此六者之別也則勝也　我可以往彼可以來曰通　謂俱在杜佑曰

臣曰山川丘陵也

宋刻本《十一家注孙子》

孙子兵法 。

地形篇

先守隘我去之趙不守井陘之口韓信下之陳豨不守漳水高祖下

之是也○杜牧曰盈者滿也言遇兩山之間中有通谷則須當山口

爲營與兩山口齊如水之在器而盈滿也○杜佑曰謂齊口亦滿也

如水之滿器與口齊也若我居之平易險阻皆制在我然後出奇以

制敵若敵人據隘之半不知齊口滿盈之道我則入隘以從之蓋敵

亦在隘我亦在隘俱得地形勝敗在我不在地形也夫隘口言滿之

術非惟隘形獨解有口譬如平坡迴澤車馬不通舟楫不勝中有一

遂亦須據其路口使敵不得進也諸可知矣○陳皥曰同曹操是

也言營非也○賈林曰從逐也盈實而滿之則不可逐討

若虛而無備則入而討之○梅堯臣同杜牧註○王晢同曹操註○

張預曰左右高山中有平谷我先至之必齊滿山口以爲陳使敵不

得進也我可以出奇兵彼不能以撓我敵若先居此地盈塞隘而

陳者不可從也若雖守隘口俱不齊滿者入而從之與敵共此險阻

之利吳起曰無當天竈天竈者大谷之口言不可迎隘口而居之也

險形者我先居之必居高陽以待敵

杜佑曰居高

陽之地以待

险形者，我先居之，必居高阳以待敌。

——《孙子兵法·地形篇》

〔注 释〕

险形者：地形险峻之地。居：占据，据有。待：等待。

〔译 文〕

我军到达地形险峻地带，必须占据地势高和向阳之处等待敌人。

〔今 悟〕

"险形者，我先居之，必居高阳以待敌。"孙子讲的是在传统作战中，必须抢占地势居高且险峻的有利地形，这样既可据"一夫当关，万夫莫开"之险隘，又可拥"居高临下，势如破竹"之地利。在新经济发展日新月异，经济全球化竞争日趋激烈的今天，如何抢占制高点，赢得竞争优势，确是值得探究的重要课题。

夫地形者，兵之助也。料敌制胜，计险厄远近，上将之道也。知此而用战者必胜，不知此而用战者必败。

——《孙子兵法·地形篇》

〔注 释〕

助：帮助，辅助。料：预料，料想。厄：险厄。上将：高明的将帅。

〔译 文〕

地形是用兵打仗的辅助条件，而主动判明敌情，估量环境险厄和路途远近，是高明将帅的作战之道。了解并运用这一方法指挥作战者必胜，不了解这一方法指挥作战者必败。

〔今 悟〕

孙子这句话的深层含义为：大凡成事者，既要借助客观条件，又要主动采取措施，以主观行动为主，以客观条件为辅，这就是哲学上讲的发挥人的主观能动性，而主观能动性的发挥必须建立在对客观规律的把握之上。简而言之，依客观，靠主观，合规律，能践行，实乃执事之要。

故战道必胜，主曰无战，必战可也；战道不胜，主曰必战，无战可也。

——《孙子兵法·地形篇》

〔注　释〕

道：规律。战道：战场态势，战争规律。主：君主，君王。

〔译　文〕

所以依据战争规律必定取得胜利的，即使君主命令不能出战，也可以出战；依据战争规律不能取得胜利的，即使君主命令出战，也可以不出战。

〔今　悟〕

"故战道必胜，主曰无战，必战可也；战道不胜，主曰必战，无战可也。"这段话既体现了孙子倡导的"将在外，君命有所不受"的思想，又提出了为赢得胜利宁违君王、不违规律的主张。两千多年后读此佳句，深感其闪烁着尊重客观规律、唯实不唯上的思想光芒。

必敗　杜牧曰謂知險阨遠近也○梅堯臣曰將知地形又知彼政

不知之以戰即敗　則勝不知則敗○張預曰既知敵情又知地利以戰則勝俱

故戰道必勝主曰無戰必戰可也戰道

李筌曰得戰勝之道必可戰也也失戰勝之道必無戰可也

不勝主曰必戰無戰可也

立主人者發其行也○杜牧曰主者君也黃石公曰出軍行師將在
自專進退內御則功難成故聖主明王巍而推轂曰閫外之事將軍
裁之○孟氏曰寧達於君不逆士眾○梅堯臣曰將在軍君命有所
不受○張預曰苟有必勝之道雖君命不戰可必戰也苟無必勝之
道雖君命必戰可不戰也與其從令而敗事
不若違制而成功故曰軍中不聞天子之詔

故進不求名退

王晳曰皆忠以為國也○何氏曰進豈求名也見利於
國家士民則進也退豈避罪也見其魔國殘民之害雖

不避罪

君命使進而不進
罪及其身不悔也

唯人是保而利合於主國之寶也

故进不求名，退不避罪，唯人是保，而利合于主，国之宝也。

——《孙子兵法·地形篇》

〔注 释〕

进：前进，进攻。名：名利，功名。退：后退，退却。罪：罪过，治罪。唯：只。合：符合。主：君主，君王，此处指国家。

〔译 文〕

所以进攻不追求取胜的功名，撤退不逃避违命的罪责。只求保护民众，且有利于国家。这样的将帅，是国家的宝贵财富。

〔今 悟〕

读《孙子兵法》，在领会其博大精深的军事思想的同时，也可以感悟到孙子以民为贵、以国为重的价值取向。特别是品读"故进不求名，退不避罪，唯人是保，而利合于主，国之宝也"，很容易使人联想到中华传统文化中，苟利社稷不顾其身，文死谏、武死战，精忠报国，俯仰无愧于天地等精神风骨和思想菁华。于当下，尤其值得尊崇、传习和践行。

李筌曰進退皆保人非為身也〇杜牧曰進不求戰勝之名退不避
違命之罪也如此之將國家之珍寶言其少得也〇陳皞曰合猶歸
也〇梅堯臣曰寧違命而取勝勿順命而致敗〇王晳曰戰與不戰
皆在保民利主而已矣〇張預曰進退違命非為己也皆所以保民
命而合主利此忠臣國家之寶也

視卒如嬰兒故可與之赴深谿

李筌曰若撫之如此得其死力也故楚子一言

視卒如愛子故可與之俱死

三軍之士皆如挾纊也〇杜牧曰戰國時吳起為將與士卒最下者
同衣食臥不設席行不乘騎親裹贏糧與士卒分勞苦卒有病疽吳
起吮之其卒母聞而哭之或問曰子卒也而將軍自吮疽何為而哭
母曰往年吳公吮其父其父不旋踵而死於敵今復吮此子妾不知
其死所矣〇梅堯臣曰撫而育之則親而不離愛之則信而不
疑故雖死奧危愈危〇王晳曰以仁恩結人心也〇何氏曰如
後漢段熲為破羌將軍以征西羌行軍仁愛士卒傷者親自瞻省手
為裹瘡在邊十餘年未嘗一日縢寢與士同苦故皆樂為死戰也

视卒如婴儿，故可与之赴深溪；视卒如爱子，故可与之俱死。

——《孙子兵法·地形篇》

〔注 释〕

视：看，看待，此意为对待。卒：士兵。深溪：很深的溪谷。

〔译 文〕

为将者对待士兵就像对待婴儿一样，所以士兵可以与之共赴深潭溪谷；对待士兵就像对待爱子一样，所以士兵可以与之一起共赴生死。

〔今 悟〕

为将者何以如此？这其中喻示了什么道理？究其原因不外乎两种情形：一是人的天性使然。天性是与生俱来的，人之初，性本善，但天性使然的仁爱之心在现实生活中只是个例，并不具有普遍意义。二是人的理性驱使。理性是正常思维和推理的结果，是具有目的性和普遍性的。在现实中，视卒如婴，爱兵如子，更多地表现为一种理性行为，既带有中国古老的人本思想色彩，也合乎现代管理学以人为中心的理念。

晉王濬為巴郡太守郡邊吳境兵士苦役生男多不舉濬乃嚴其科

條寬其繇課其產育者皆與休復所全活者數千人及後伐吳先在

巴郡之所全活者皆堪繇役供軍其父母戒之曰王府君生爾必勉

勉之無愛死也故吳子有父子之兵〇張預曰將視卒如嬰兒則卒視

將如父未有父在危難而子不致死故荀卿曰臣之於君也下之於

上也如子弟之事父兄手足之捍頭目也夫美酒泛流三軍皆醉溫

言一簞醪續信平以恩遇下古人所重也故兵法曰勤勞之師

將必先己暑不張蓋寒不重衣險必下步軍并成而後舍軍食熟而

後饋軍壘

厚而不能使愛而不能令亂而不能治譬若驕子不可用也

曹操曰恩不可專用罰不可獨不可用也〇李筌曰雖厚愛人不令如驕子者有勃逆之心不可用也〇杜牧曰黃石公曰士卒可下而不可驕夫恩以養士謙以接之故曰可下不可制之以法故曰不可驕陰符曰害生於恩吳起曰夫鼓鼙金鐸所以威耳旌旄麾章所以威目禁令刑罰所以威心必耳威於聲

厚而不能使，爱而不能令，乱而不能治。譬若骄子，不可用也。

——《孙子兵法·地形篇》

〔注 释〕

厚：厚爱，厚待。使：使用，使唤。令：命令。骄：通"娇"，过度爱护。

〔译 文〕

为将者厚待士兵而不能使用，爱护士兵而不能命令，士兵扰乱军纪而不能惩治，这样的士兵好比娇生惯养的孩子，是不能用来作战的。

〔今 悟〕

孙子在作出"视卒如婴儿，故可与之赴深溪；视卒如爱子，故可与之俱死"的论断之后，又明确指出"厚而不能使，爱而不能令，乱而不能治。譬若骄子，不可用也"。前后两段话的大意是：如果为将者能够视卒如婴、爱兵如子，那么士兵就会与之同甘共苦、共赴生死。如果为将者对士兵只是一味地厚待娇惯而不加以管束治理，其结果会适得其反，骄子无用，养兵为患。这说明了两个道理：第一，凡事都具有两面性，祸福相倚，物极必反；第二，做事须讲究方法，张弛有度，宽严相济。

故知兵者，动而不迷，举而不穷。

——《孙子兵法·地形篇》

〔注 释〕

动：行动，作战。迷：迷惑。举：举措，举动，这里指军事行动。穷：穷尽。

〔译 文〕

懂得用兵的将领，作战意图清晰而不迷惑，战术多变而不困窘。

〔今 悟〕

"动而不迷"之意为，做事要目标清晰而不迷惑。虽然只区区四字，但知易行难。现实中人们谋事行事容易犯的毛病是采取一项措施时会设定多重目标，而且还要求既快又好。从理论上讲，这是过于从主观愿望出发而不顾客观条件的表现，是形而上学的思维方式；从现实中看，目的含混不清，目标设计多重，其结果往往事倍功半，顾此失彼。简而言之，方向正确，目标清晰，方法得当，乃行事之要。

地形之不可以戰勝之半也

曹操李筌曰勝之半者未可知也〇杜牧曰地

形者險易遠近出入迂直也〇梅堯臣曰知彼知己而不知地形亦
或不勝〇王晳曰雖知彼己可以戰然不可廢地利也〇張預曰既

知己而又知彼但不得
地形之助亦不可全勝

故知兵者動而不迷舉而不

窮

杜牧曰未動未舉勝負已定故動則不迷舉則不窮也一云動
而不困舉而不頓〇陳皡曰窮者困也我若識彼此之動否量

地形之得失則進而不迷戰而不困者也〇梅堯臣曰無所不知則
動不迷聞舉不困窮也〇王晳曰蓍計者不迷善軍者不窮〇張預

曰不妄動故動則不誤不輕舉故舉則不困

故曰知彼知己

識彼我之虛實得地形之便利而後戰也

勝乃不殆

張預曰曉攻守之術則有勝而無危

知天知地勝乃不窮李

曰人事天時地利三者同知則百戰百勝〇杜佑曰知地之便知天
走時地之便依險阻向高陽也天之時順寒暑法刑德也既能知彼

知彼知己，胜乃不殆；知天知地，胜乃不穷。

——《孙子兵法·地形篇》

〔注 释〕

殆：危险，失败。穷：穷尽。

〔译 文〕

既了解对方又了解自己，就能获得胜利而不会失败；既懂得天时又懂得地利，胜利就会无穷无尽。

〔今 悟〕

知彼知己，可以正确判断可战与不可战、可胜与不可胜，这是取得战争胜利的重要前提；知天知地，可以有效地利用天时和地利作战，这又使取得战争胜利加上了一道可靠的保险。知彼知己，知天知地，真可谓百战百胜的"知字诀"，此乃孙子军事思想永恒不朽之精华。

順天時得地
利取勝無極

九地篇

曹操曰欲戰之地有九○李筌曰勝敵之地利
有九故次地形之下○王晢曰用兵之地利
害有九也○張預曰用兵之地
其勢有九此論地勢故次地形

孫子曰用兵之法有散地有輕地有爭地有
交地有衢地有重地有圮地有圍地有死地
諸侯自戰其地為散地
○曹操曰此九地之名也 曹操曰
○張預曰此九地之名 士卒戀
土道近易散○李筌曰卒恃土懷妻子急則散是為散地也○杜牧
曰士卒近家進無必死之心退有歸投之處○杜佑曰戰其境內之

孙子兵法 。

九地篇

我可以來往如此之地則須兵士首尾不絶切宜備之故下文云交
地吾辯謹護其守其義可見也○杜佑曰交地有數道往來交相無可
絶○梅堯臣同陳皞註○何氏曰交地平原交通也一曰可以交結
不可杜絶之致隙又曰交通四遠不可遏絶吳王問孫武曰交
地吾將絶敵使不得來必今吾邊城修其守備深絶通路固其隘塞
若不先圖之敵人已備彼可得而來吾不得而往衆寡又均則如之
何武曰既我不可以往彼可以來吾分卒匿之守而易急示其不能
敵人且至設伏隱廬出其不意可以有功也○張預曰地有數道往
者來通達而不可阻絶○曹操曰我與敵相當而

諸侯之地三屬

旁有他國也○孟氏曰
若鄭界於齊
楚管是也

先至而得天下之衆者爲衢地

先至得

也○李筌曰對敵之傍有一國爲之屬先往而通之得其衆
也○杜牧曰衢地者三屬之地我須先至其衝擫其形勢結其旁國
也○梅堯臣曰彼我相當有旁國三面之地先至
之先至
也天下猶言諸侯也○
則得諸侯之助也○王晳曰曹公云先至得其國助晳謂先至者結

诸侯之地三属，先至而得天下之众者，为衢地……衢地则合交。

——《孙子兵法·九地篇》

〔注 释〕

属：归属，隶属，管辖。衢：四通八达的道路。衢地：四通八达的地方，多国交界之地。

〔译 文〕

与几个诸侯国接壤、先期到达可以得到多国支援的地方，叫作衢地……在衢地可以开展外交和合作。

〔今 悟〕

外交作为维护自身利益、创造良好生存和发展环境的国家行为，自古有之。《孙子兵法》曰："诸侯之地三属，先至而得天下之众者，为衢地……衢地则合交。"可见，孙子不仅对军事理论有精深研究，而且十分注重发挥外交的作用，以外交活动营造有利态势，用外交手段配合军事行动。正所谓衢地合交，合纵连横，长袖善舞，赢得同盟。

疾擊務突則前闘

後拓左右掎角死地則戰戰不求生也○陳皡曰陷在死地
後拓左右掎角死地則戰曹曰操曰殊死戰也○李筌曰殊死

則軍中人人自戰故曰置之死地而後生也○賈林曰力戰或生守
隅則死○梅堯臣曰前後左右無所之示必死人人自戰也○張預
曰陷在死地則人人自爲戰兵王曰敵人大至圍我數重欲突以出四
塞不通欲勵士激衆使之投命則如之何武曰深溝高壘安靜勿動
告令三軍示不得已殺牛燔車以饗吾士燒盡糧食填夷井竈剗髮
捐冠絶去生慮砥甲礪刃并氣一力或攻兩旁震鼓疾譟敵人亦懼
莫知所當銳卒分行疾攻其後此是失道而所謂古之善用
求生故曰圍而不謀者窮窮而不戰者亡

兵者能使敵人前後不相及
梅堯臣曰設奇衝掩衆寡不
相恃驚撓之也貴賤不相救散亂也上下不相
收倉惶也卒離而不集兵合而不齊
李筌曰設變以疑之教之

所谓古之善用兵者，能使敌人前后不相及，众寡不相恃，贵贱不相救，上下不相收。

——《孙子兵法·九地篇》

〔注 释〕

及：顾及。恃：依赖，倚仗。收：聚集，联系。

〔译 文〕

所谓古代善于用兵打仗的将领，能使敌军前后不能相互策应，大部队和小部队不能相互倚仗，官兵不能相互照应，上下不能相互联系。

〔今 悟〕

"所谓古之善用兵者，能使敌人前后不相及，众寡不相恃，贵贱不相救，上下不相收"，这是《孙子兵法》中典型的"倍而分之"战法。即为获取胜利，对敌军部队分割扰乱，使之前后不能相顾，左右不能相恃，以形成对敌作战的局部相对优势。正所谓分割阻断，化整为零，分而治之，各个击破。

兵之情主速，乘人之不及，由不虞之道，攻其所不戒也。

——《孙子兵法·九地篇》

〔注 释〕

速：快速。及：到。虞：意料。戒：防备，戒备。

〔译 文〕

用兵的原则是贵在神速，神速就能趁敌人尚未赶到，从敌人意料不到的路径，攻击敌人不加戒备的地方。

〔今 悟〕

"兵之情主速，乘人之不及，由不虞之道，攻其所不戒也。"这番话具体阐述了作战攻击要诀，就是要把握好"三性"：即突如其来的突然性，迅雷不及掩耳的迅捷性，诡异莫测的不可预测性。纵横不出方圆，万变不离其宗，这也体现了孙子倡导的"兵贵神速"和"攻其无备"的作战原则。

谨养而勿劳，并气积力。

——《孙子兵法·九地篇》

〔注 释〕

　　谨：谨慎，重视。并：合在一起。气：气力，精气能量。积：积累，聚集。

〔译 文〕

　　重视部队休整，不使其疲劳，使其保持旺盛精气，积蓄战斗力。

〔今 悟〕

　　军队的战斗力是由诸多因素决定的，包括体制是否应战，军纪是否严明，武器是否先进，装备是否精良，保障是否有力，训练是否有素，战术是否得当，斗志是否昂扬等。其中，官兵能否保持旺盛精气和健康体魄往往容易被忽视，这是影响军队战斗力强弱和战争胜负的不可或缺的基础性要素。养精蓄锐，并气积力，常训不懈，所向披靡。

我也克者勝也○梅堯臣曰爲客者入人之地深則士卒專精主人
不能克我○張預曰深涉敵境士卒心專則爲主者不能勝也客在
重地主在輕地故耳趙廣武君謂韓信去國遠鬭其鋒不可當是也　掠於饒野三軍足食　王

曰饒野
多稼穡　謹養而勿勞併氣積力運兵計謀爲不　智

可測　曹操曰養士併氣運兵爲不可測度之計○李筌曰氣盛力
積加之以謀慮則非敵之可測○杜牧曰斯言深入敵人之
境須掠田野使我足食然後開壁養之勿使勞苦氣全力盛一發取
勝動用變化使敵人不能測我也○陳皥曰所處之野須水草便近
積蓄不乏謹其來往善撫士卒王翦代楚楚人挑戰翦不出勤於撫
御并兵一力閑士卒撥石爲戲知其養勇思戰然後用之一舉遂滅
楚但深入敵境未見可勝之利則須爲此計○梅堯臣曰掠其富饒
以足軍食息人之力并兵爲不可測之計○王晳曰謹養謂撫循飲
食周謹之也并銳氣積餘力乘藏謀密使敵不測俟其有可勝之陳
則進之○張預曰兵在重地須掠糧於富饒之野以豐衆食乃堅壁

运兵计谋，为不可测。

——《孙子兵法·九地篇》

〔注 释〕

运：用，运用。测：估计，预料，预测。

〔译 文〕

调动军队、部署兵力的计谋，要做到让敌人摸不着头脑。

〔今 悟〕

在大战中，调兵遣将的计划为最高军事机密，这是决定作战成败的关键因素之一。在两千多年前，孙子就提出了必须做到"运兵计谋，为不可测"的警示和要求。何以"为不可测"呢？一方面必须严肃保密纪律，严守军中机要；另一方面还要施以瞒天过海、声东击西、暗度陈仓等计谋，隐真显伪，假象惑敌。

投之无所往，死且不北；死焉不得？士人尽力。兵士甚陷则不惧，无所往则固，深入则拘，不得已则斗。

——《孙子兵法·九地篇》

〔注 释〕

往：去，到某地。北：败北，打了败仗往回跑。惧：恐惧，害怕。固：稳固，牢固。拘：束缚，限制。

〔译 文〕

将官兵置于走投无路的境地，他们就会死战而不会败逃；官兵死战，哪有不胜之理？官兵人人尽心竭力。一旦深陷危险境地，就会团结一心而不会惧怕敌人，一旦走投无路人心就会稳定，一旦深入敌境军心就会凝聚，在万不得已时就会拼死决战。

〔今 悟〕

这段话的中心意思是：当军队陷入敌阵，身处险境，走投无路时，官兵就会团结一心、众志成城、殊死搏斗，这岂有不胜之理？在此，孙子提出了一个典型的环境心理学问题，即自然环境和社会环境都会对人的心理和行为产生影响。这是环境导致心理状态变化，从而改变行为方式的常见现象。在现实生活中，当外部环境产生了沉重压力、生成了巨大风险、形成了严峻挑战时，如果能够认识并运用这一环境心理学原理，因势利导，开明务实，凝聚人心，使众人勠力同心，共赴时艰，就一定会摆脱困境，绝处逢生。

齐勇若一，政之道也。

——《孙子兵法·九地篇》

〔注 释〕

齐：整齐，达到同一高度。勇：勇敢。若：像。政：政治，此处指治理。道：方法，措施。

〔译 文〕

全体官兵齐心协力、勇敢作战，团结、配合得就像一个人一样，这说明军队治理得法。

〔今 悟〕

如果一支军队能够做到"齐勇若一"，说明这支军队的治理达到了很高水准，同时也表明这支军队是具有"军魂"的。何为"军魂"？简言之，就是既有为国而战、为国献身的英雄主义精神，又有鲜明的团队个性风格。何以塑造"军魂"？这需要军队将领一举一动言传身教，需要军士一点一滴积累培养，需要将士一代一代传承弘扬。

故善用兵者，携手若使一人。

——《孙子兵法·九地篇》

〔注 释〕

携：拉着，挽扶。使：使用，支使。

〔译 文〕

善于带兵打仗的将领，能够让全军携手同行、整齐划一，就像指挥一个人一样。

〔今 悟〕

如果一支军队能够做到"携手若使一人"，即全军能够携手同行、整齐划一，就像一个人一样，那么这支军队的战斗力可想而知。何能如此？简言之，就是要拥有压倒一切敌人的统一意志，令行禁止的铁的纪律，激发斗志的激励制度，训练有素的专业能力，亲如一家的团队氛围……

後以後為前以左為右以右為左以故百萬之衆如一人也○梅堯臣
曰用三軍如攜手使一人者勢不得已自然皆從我所指揮也○王
曰攜使左右前後率從我也○張預曰三軍雖衆如提一人之手
而使之言齊一也故曰將之所揮莫不前死

將

軍之事靜以幽正以治
曹操曰清靜幽深平正○杜
牧曰清淨簡易幽深難測平正
無偏故能致治○梅堯臣曰靜而幽遠人不能測而自治人不能
撓○王晳曰靜則不撓幽則不測正則不嫌治則不亂○張預曰其
謀事則安靜而幽深人不能測其
御下則公正而整治人不敢慢

能愚士卒之耳目使

曹操曰愚誤也民可與樂成不可與慮始○李筌曰為

之無知

謀未孰不欲令士卒知之可以樂成不可與謀始是以
先愚其耳目使無見知○杜牧曰言使軍士非將軍之令其他皆不
知如瞽如聾也○梅堯臣曰凡軍之權謀使由之而不使知之○王
晳曰杜其見聞○何氏同杜牧註○張
預曰士卒懵然無所聞見但從命而已

易其事革其謀使

将军之事，静以幽，正以治。

——《孙子兵法·九地篇》

〔注 释〕

静：冷静，镇静。幽：幽深，深沉。正：公正，严正。治：治理。

〔译 文〕

为将者需要具备的基本素质是：沉着镇静，幽深莫测，执纪严正，整治有方。

〔今 悟〕

"将军之事，静以幽，正以治。"孙子用"静""幽""正""治"四个字概括了军中将帅最为要紧的素养。为将者何以做到每临大事有静气、思维深处有玄机、执纪严正有定力、管带治下有条理？这既有先天禀赋遗传，也需要后天研习历练。

之事也。○曹操曰：險難也。○梅堯臣曰：措三軍於險難而取勝者，為將之所務也。○張預曰：去梯發機，置兵於危險以取勝者，此將軍之所務也。

九地之變，屈伸之利，人情之理，不可不察

○曹操曰：人情之常理，皆因九地以變化。今欲下文重塞耳，言屈伸之利害，故於此重言發端，張本也。○梅堯臣曰：九地之變，有可屈可伸之利，人情之常理，須審察之。○王晳曰：明九地之變之利害，亦當極其變耳。言屈伸之利者，未見便則屈，見便則伸。人情之理者，深專淺散圍禦之謂也。○張預曰：九地之法，不可拘泥，須識變通，可屈則屈，可伸則伸，審所利而已。此乃人情之常理，不可不察。

凡為客之道，深則專，淺則散

○杜牧曰：言屈伸之利害，故於此重言九地者，孫子勤勤於九變也。○張預曰：先舉兵者為客，入深則專固，入淺則士散。此而下，言九地之變。深則專固，淺則散歸。此而下，重言九地之變。

去國越境而師者，絕地也

梅堯臣曰：入進不及，輕退不及○王晳曰

九地之变，屈伸之利，人情之理，不可不察。

——《孙子兵法·九地篇》

〔注 释〕

地：地理，地形。屈伸：弯曲伸展，在此指进退。人情：在此指心理，心态，情绪。

〔译 文〕

为将者，对于地形条件的各种变化，攻防进退的利弊得失，部队上下的心理状态，不可不认真观察和研究。

〔今 悟〕

"九地之变，屈伸之利，人情之理，不可不察也"，讲的是为将者必须对地形条件、攻防利弊、官兵士气等诸多情况和变数了如指掌，这是为将者的天职和基本功。由此可以得出这样的启示：谋事需要察时势，权利弊，体人心；成事则要顺天时，应地利，倚人和。凡事胸中有数，办事稳妥靠谱。

敢问：敌众整而将来，待之若何？曰：先夺其所爱，则听矣。

——《孙子兵法·九地篇》

〔注 释〕

若何：如何，怎样。夺：夺取，抢夺。爱：心爱的，喜爱的，此指关键的。听：听从，接受。

〔译 文〕

试问：敌人兵力众多而又阵容严整将前来与我决战，我方如何对待？答曰：首先夺取敌人宝贵的物资或者俘获其重要将领，这样敌人就会听从我方摆布调遣。

〔今 悟〕

"敢问：敌众整而将来，待之若何？曰：先夺其所爱，则听矣。"言简意赅地讲述了一个道理：凡事都要力争主动，避免陷于被动。而要想掌握主动权，就必须在慎察判明形势的情况下，抓住影响全局的关键点，把住牵一发而动全身的要害处，果断出手。正所谓夺其所爱，击其要害，主动应对，遣敌不殆。

施无法之赏，悬无政之令，犯三军之众，若使一人。

——《孙子兵法·九地篇》

〔注 释〕

施：实行，实施。悬：悬赏。犯：使用。

〔译 文〕

实行不合常法的奖赏，颁布不合常规的法令，指挥三军行动就像指挥一个人一样顺手。

〔今 悟〕

"施无法之赏，悬无政之令，犯三军之众，若使一人。"孙子讲的是典型的不依常识办事，不按常理出牌，但又能够取得奇效的案例。在特殊情况下，在情急之时，为了达到目的，不履常规，不拘一格，施以超常规手段，确实可以取得意想不到的效果，但这是非常态的非常之法。

使一人也○李筌曰善用兵者爲法作攻而人不知懸事無令而人

從之是以犯衆如一人也○梅堯臣曰犯用也賞犯嚴明用多若用

寡也○張預曰賞功不逾時罰不遷罪不

列賞罰之典既明且速則用衆如寡也 **犯之以事勿告以**

言曰梅堯臣曰但用以戰不告以謀○王晢曰情泄則謀乖○張預

告士卒以徙營之由是也 **犯之以利勿告以害** 曹操曰勿使知害○李筌曰犯用也卒知

營之由是也○張預曰人知謀則疑也若裴行儉不

疑懼也○張預曰人情見利則進知害則避故勿告以害也

害則生疑難○梅堯臣曰用令知利不令知害○王晢曰慮知言與

三(亡)地然後存陷之死地然後生 曹操曰必殊死戰在亡地無敗者孫臏曰

投之

兵恐不投之死地也○李筌曰兵居死地必決命而鬬以求生韓信曰

水上軍則其義也○梅堯臣曰地雖曰亡力戰不亡地雖曰死力戰不死

不死故三者存之基死者生之本也○何氏曰如漢王遣將韓信擊

趙未至井陘口三十里止舍夜半傳發選輕騎二千人人持一赤幟

投之亡地然后存，陷之死地然后生。

——《孙子兵法·九地篇》

〔注　释〕

投：投入，扔进。亡地：死亡之地。存：存在，生存。陷：掉进，沉下。死地：同"亡地"。生：生存，活着。

〔译　文〕

把将士投入死亡之地，他们就会殊死搏斗，就有可能转危为安；当军队陷于死亡之地时，他们就会以一当十奋战，就有可能起死回生。

〔今　悟〕

"投之死地然后存，陷之死地然后生"，是成语"置之死地而后生"的词源。其意为，当人们处于险境而别无退路时，就会背水一战，殊死搏斗，以求转危为安；当人们身陷绝地而难以生还时，就会产生强烈的求生欲，以超乎寻常的意志力顽强奋争，以期走出绝境。正所谓精神变力量，力量为希望，希望成现实。

故为兵之事，在于顺详敌之意，并敌一向，千里杀将，此谓巧能成事者也。

——《孙子兵法·九地篇》

〔注 释〕

顺：通"慎"，审慎。详：清楚。向：向着。

〔译 文〕

用兵打仗的要务，关键在于缜密研究敌人真实意图，集中兵力朝着一个方向攻击敌人，奔袭千里擒杀敌将，这可谓有智慧、能成事的将领。

〔今 悟〕

成事之难，莫过于厘清混沌乱局的头绪。正如孙子所言："故为兵之事，在于顺详敌之意。"这就是说，战争的要务首先是审慎明察形势，缜密研究敌人真实意图。由此得到的启发是：面对复杂的环境、错综的信息、纷扰的局面，只有去粗取精，去伪存真，冷静观察，沉着应对，才能"不畏浮云遮望眼""守得云开见月明"。

是故始如处女，敌人开户；后如脱兔，敌不及拒。

——《孙子兵法·九地篇》

〔注释〕

始：开始。户：门户。拒：抗拒。

〔译文〕

所以在军事行动之始就像未出嫁的女子一样沉静，这样敌人就会放松警惕打开门户；然后就像逃脱的兔子一样飞跑，迅速发起攻击，敌人就会来不及抵御。

〔今悟〕

"是故始如处女，敌人开户；后如脱兔，敌不及拒"是成语"静若处子，动若脱兔"的词源。这一静一动讲的是两种截然相反的状态，看似平淡无奇，却蕴含了奇妙战术和非凡智慧，践行起来需要下一番功夫。沉静时，需要隐蔽、忍耐、静定、深思；行动时，需要勃发、迅猛、激烈、力行。

脱兔之疾乘敵倉卒是以莫禦太史公謂
田單守即墨攻騎劫正如此語豈其然乎

火攻篇

曹操曰以火攻人當擇時日○王皙曰助
兵取勝戒虛發也○張預曰以火攻敵當使

姦細潛行地里之遠近徑之險
易先熟知之乃可往故次九地

孫子曰凡火攻有五一曰火人 李筌曰焚其營殺其
士卒也○杜牧曰焚

其營栅圉燒兵七其起曰火軍居荒澤草木幽穢可焚而滅蜀先主
代吳兵屯將陸遜拒之時夷陵先攻一營不利諸將曰空殺身耳遜曰
吾巳曉破敵之術矣乃粉各持一把茅以火攻拔之一爾勢成通率
諸軍同時俱攻斬張南馮習及胡王沙摩柯等破四十餘營死者萬
數備因夜道單資器械略盡遠歐血而雖○梅堯臣曰焚營柵荒穢
以助攻戰也○何氏曰魯桓公卅世焚邾婁之咸丘始以火攻也後世
兵家者流故有五火之攻以佐取勝之道也如後漢班超使西域到
鄯善初夜將束士奔燒營會天大風超令十人持鼓藏虜舍後約曰

宋刻本《十一家注孙子》

孙子兵法 。

火攻篇

夫战胜攻取而不修其功者凶，命曰费留。故曰：明主虑之，良将修之。

——《孙子兵法·火攻篇》

〔注 释〕

修：修饰，整治。凶：凶险，灾祸，不吉。费留：吝惜费用。虑：考虑，思虑。

〔译 文〕

对攻城拔寨的将士不论功行赏是会有后患的，这是吝惜费用的表现。所以说，明智的君主会审慎思考这个问题，优秀的将领会认真对待这件事情。

〔今 悟〕

有功不奖，有过不罚，乃治军理政之忌。孙子曰："夫战胜攻取而不修其功者凶。"功过分明，奖罚有信，是统军为政的重要手段，也是工商管理的有效方法，这既顺应人的本性，又符合法的学理。

非利不动，非得不用，非危不战。

——《孙子兵法·火攻篇》

〔注 释〕

　　非利：没有利益。非得：没有得到，这里指取胜。
非危：没有危险，没有危机。

〔译 文〕

　　无利可图就不要轻易采取军事行动，没有取胜把握
就不要轻易用兵，未到危急关头就不要轻易开战。

────────────────

〔今 悟〕

　　"非利不动，非得不用，非危不战"，可以视为《孙
子兵法》慎战的"三非"原则。为什么要慎战？因
为战争是极端暴力行为，必须付出人、财、物代价，
必然导致流血牺牲，甚至造成国力衰退、民不聊生。
在当代，秉持慎战理念，坚持"三非"不战，仍然
是值得高度重视、深入研究的课题。

主不可以怒而兴师，将不可以愠而致战。

——《孙子兵法·火攻篇》

〔注 释〕

怒：发怒。愠：愤懑，愤怒。

〔译 文〕

君主不可以因为一时的愤怒而兴师动武，将帅不可以因为一时的愤懑而轻易出战。

〔今 悟〕

孙子曰："主不可以怒而兴师，将不可以愠而致战。"其意为，君主不可因一时之怒而兴师动武，主将不可因一时之愤而轻易出战。兴师与否、战与不战绝非因个人之喜怒，绝非因民意呼声之强弱，而应取决于国家、民族之利害，这是决定战争与否的重大原则。

合于利而动，不合于利而止。

——《孙子兵法·火攻篇》

〔注 释〕

合：符合。利：利益。

〔译 文〕

符合国家利益就行动，不符合国家利益就停止。

〔今 悟〕

"合于利而动，不合于利而止"，孙子道出了作出重大行动抉择、实施重要项目举措的依据和原则。就一个国家、一支军队、一个团体而言，符合其利益则动，不符合其利益则止。把握有利与不利，选择行动或停止，既需要远见、智慧和决断，也取决于战术目标和战略目标的设定。战略目标重全局、观长远、择重大，而战术目标则顾局部、看眼前、不弃小，战术目标是战略目标的分解和落实。对于有利与不利的判断、行动与停止的抉择，有时要两利相权取其重，两害相权取其轻；有时还要知迁直之计，以远为近，积小胜为大胜。

困己之喜怒而用兵當顧利害所在尉繚子曰兵起非可以忿也見勝則與不見勝則止

張預曰見於心者謂之悅

可以復悅　喜得於心者

怒可以復喜慍

亡國不可以復存

杜牧曰亡國者非能亡人之國也言度德不量力因怒興師困慍合戰則其破亡矣將慍怒而鬭倉卒而合戰所傷殺必多怒慍復可以說喜言一時之怒可返而說也國亡軍死不可復○梅堯臣曰一時之慍可返而喜也○王晳曰兵自死其國自亡者也○杜佑曰凡主怒興軍伐人無素謀明計則

死者不可以復生

故明君慎之良

將警之此安國全軍之道也

杜牧曰警言戒之也○梅堯臣曰主當慎重將當警懼○張預曰君常慎於用兵則可以安國將常戒於輕戰則可以全軍

怒可以复喜，愠可以复悦；亡国不可以复存，死者不可以复生。故明君慎之，良将警之，此安国全军之道也。

——《孙子兵法·火攻篇》

〔注 释〕

怒：愤怒。愠：恼怒。慎：慎重。警：警惕，警戒。

〔译 文〕

愤怒可以转为欣喜，恼怒可以转为喜悦，但是国家灭亡了就不能复存，人死了就不能复活。所以在这个问题上明智的君主必须慎重，贤良的将帅必须警惕，这是关乎国家安危、军队保全的重大原则问题。

〔今 悟〕

我国自古以来就有人命关天的说法，这也是中华文化的基因。关系成千上万国民生死的国家命运更是比天还大的事情。兵者，乃国之大事；战争，关乎生死存亡。对于一个国家、一个民族、一支军队来说，把握好安国全军之道，坚守住战与非战原则，兹事体大！

曹操李筌曰戰者必用間諜以知敵之情實也○張預曰欲素知敵情者非間不可也然

用間之道尤須微密故次火攻也

孫子曰凡興師十萬出征千里百姓之費公家之奉日費千金內外騷動怠於道路不得操事者七十萬家

曹操曰古者八家為鄰一家從軍七家奉之言十萬之師舉不事耕稼者七十萬家○李筌曰古者發一家之兵則鄰里三族共資之是以不得耕作者七十萬家而資十萬之眾矣○杜牧曰古者一夫田一頃夫九頃之地中心一項鑿井樹廬八家居之是為井田意疲也言七十萬家奉之十萬之師轉輸疲於道路也○梅堯臣曰輸糧供用公私煩役疲於道路慶於未耕也曹說是也○張預曰井田之法八家為鄰一家從軍士家奉之興兵十萬則輟耕作者七十萬家也或間曰重地則掠

宋刻本《十一家注孫子》

孙子兵法 。

用間篇

凡兴师十万，出征千里，百姓之费，公家之奉，日费千金。

——《孙子兵法·用间篇》

〔注 释〕

兴师：兴兵，起兵。费：花费资财，耗费，费用。奉：通"俸"，俸禄，开支。

〔译 文〕

大凡动用十万大军，出征千里之外，百姓的耗费，国家的支出，加起来每天都要耗费千金之巨。

〔今 悟〕

孙子是举世闻名的军事家，他的伟大之处在于对战争规律、战略选择、战术运用，以及与军事相关的政治、经济、外交等问题都有着深刻的洞悉和研究，不仅创造性地提出了"谋胜""全胜""诡道"等军事思想，而且提出了"慎战"的思想主张。《孙子兵法》首篇——《计篇》的第一句话便开宗明义地指出："兵者，国之大事，死生之地，存亡之道，不可不察也。"可见，孙子把战争视为关系国家生死存亡的头等大事。他还告诫说"怒可以复喜，愠可以复悦，亡国可以复存，死者不可以复生""凡兴师十万，出征千里，百姓之费，公家之奉，日费千金"。言下之意是战争必须要付出宝贵生命和稀缺资财等沉重代价。因此，他提出"主不可以怒而兴师，将不可以愠而致战""非利不动，非得不用，非危不战"。他警告人们：对待战争必须慎之又慎，绝不可以轻易言战，除非对己方有利或迫不得已时才可以一战。凡此种种，都充分诠释了孙子的"慎战"思想。自古知兵非好战，如何运用孙子军事思想，"以慎战止战，以不战胜战"，是一个十分重要的命题。

故明君贤将，所以动而胜人，成功出于众者，先知也。

——《孙子兵法·用间篇》

〔注 释〕

动：行动。先知：事先知晓。

〔译 文〕

英明的君主和贤能的将领，之所以每战必胜，功业卓著，就在于他们能事先探明和掌握敌情。

〔今 悟〕

"故明君贤将，所以动而胜人，成功出于众者，先知也。"孙子这番话再次昭示了"知彼"——"先知"的重要性。"先知"就是事先探明和掌握敌情，这是作战军事行动的一部分，是投入战斗、取得胜利的先决条件。料敌于先，击敌在后，胸中有数，逢战不殆。

先知者，不可取于鬼神，不可象于事，不可验于度，必取于人，知敌之情者也。

——《孙子兵法·用间篇》

〔注 释〕

取：取得，获得。象：模拟，仿效。验：检验。度：计算，估计。

〔译 文〕

要事先探明和掌握敌情，绝不能以迷信鬼神的问卜方式取得，也不能以对某些相似事物的类比推测，更不能用计算日月星辰运行方位检验所获信息的真伪，必须依靠人，就是用人来了解获取敌情。

〔今 悟〕

"先知者，不可取于鬼神，不可象于事，不可验于度，必取于人，知敌之情者也。"孙子的这番话明确地指出了怎样才能做到"先知"，即要想事先掌握敌情就必须求真务实，遣将用人，收集、侦查、刺探和窃取敌人的情报，而非搞迷信、靠推测、用占卜等旁门左道。如此，就可以先知先觉，就能够了然于胸，就能够抢得获胜先手。

於鬼神象類閒者能知敵之情○杜牧曰象者類也言不可以他事比類而求○梅堯臣曰不可以卜筮知也不可以象類求也○張預曰不可以事之

不可驗於度曹操曰不可以事數度也○梅堯臣曰不可以象類也夫長短闊狹

遠近小大卽可驗之於度數人之情僞度不能知也○梅堯臣曰不可以度數驗也言先知之難也○張預曰不可以度數推驗而知

必取於人知敵之情者也閒人也○曹操曰因人也○李筌曰因

故用閒有五有因閒有內閒有反閒情可以卜筮知形氣之物可以象類求天地之理可以度數驗唯敵之情必由閒者而後知也○張預曰鬼神象類度數皆不可以求先知也因人而後知敵情也

有死閒有生閒梅堯臣曰五閒之名也○張預曰此五閒之名因閒當為鄉閒故下文云鄉閒可得而使

五閒俱起莫知其道是謂神紀人君之寶也

故用间有五：有因间，有内间，有反间，有死间，有生间。五间俱起，莫知其道，是谓神纪，人君之宝也。

——《孙子兵法·用间篇》

〔注释〕

间：谍。俱：全，都。神：神奇。纪：纲纪，准则。

〔译文〕

使用间谍的方法有五种：有"因间"（利用敌国乡野之人作为间谍），有"内间"（利用敌国的官员作为间谍），有"反间"（利用敌国的间谍作为间谍），有"死间"（利用传递假情报而有可能被杀死的间谍），有"生间"（利用能够安全返回的间谍）。五种方法并用，敌人就很难知道是从哪里泄漏了机密。这就是所谓的神纪，是一种能令人感到神妙莫测的法则，它是君主克敌制胜的法宝。

〔今悟〕

孙子非常看重间谍在战争中的作用，将其称作"用间"。《孙子兵法·用间篇》全篇论述了间谍的重要作用和使用方法。间谍应战争而生并贯穿战争始终。为了获得战争胜利，必须"先知"，而要"先知"就必须"用间"。在实战中，间谍的作用是巨大的，甚至是决定性的。古今中外大量战例都证明了间谍的情报足以影响战争的走势和胜负。这就是孙子所言的"神纪"，是克敌制胜的良法。

故三军之事，莫亲于间，赏莫厚于间，事莫密于间。

——《孙子兵法·用间篇》

〔注释〕

亲：亲信，亲密。厚：丰厚，深厚。密：机密，保密。

〔译文〕

在军务中，没有人比间谍更亲密，没有人比间谍获得的赏赐更丰厚，没有什么事情比使用间谍更机密。

〔今悟〕

"故三军之事，莫亲于间，赏莫厚于间，事莫密于间。"孙子把间谍视作最可信赖的人，把最高奖赏赐予担任间谍的人，把间谍任务作为最高机密。间谍之所以在军中拥有如此重要的地位，享有如此优厚的待遇，其原因在于使命特殊、任务艰险、作用巨大。

而殷任之殷不能用而周用之其成大功者為民也○何氏曰伊呂
聖人之耦豈為人間哉吾孫子別之者言五間之用須上智之人如
伊呂之才智者可以用間蓋重之辭耳○張預曰伊尹夏臣也後
歸于殷伊呂望殷臣也後歸于周伊呂相湯武以兵定天下者順乎天
而應乎人也非同伯叔犂之奔楚苗賁
皇之適晉狐庸之在吳士會之居秦也

故惟明君賢將能
以上智為間者必成大功此兵之要三軍之
所恃而動也

李筌曰孫子論兵始於計而終於間者蓋不以
忙軍不可動知敵之情非間不可故曰三軍所恃而動故李靖曰夫戰
之取勝此豈求之於天地在乎因人以成之歷觀古人之用間其妙非
一即有間其君者有間其親者有間其賢者有間其助
者有間其鄰好者有間其左右者有間其縱横者故子貢史廖陳軫
蘇秦張儀范雎等皆憑此而成功也且間之道有五焉有因其邑人
使潛伺察而致辭為有因其仕子故洩虛假令告示焉有因敵之使

故惟明君贤将，能以上智为间者，必成大功。此兵之要，三军之所恃而动也。

——《孙子兵法·用间篇》

〔注 释〕

上智：高超的智慧。恃：依仗，依靠。

〔译 文〕

只有明君贤将，才能用有高超智慧的人作间谍，这样必定成就大功。这是用兵的要诀，是军队行动的依据。

〔今 悟〕

逢战须"先知"，"先知"须"用间"，"用间"须择"上智之人"，揭示了取得战争胜利的基本逻辑。"故惟明君贤将，能以上智为间者，必成大功"，充分表达了孙子对于间谍用人标准的高度重视，对于间谍重要作用的高度评价。此乃用兵之要诀、战争之锐器、取胜之法宝。

附：

《孙子兵法》

计篇

孙子曰：兵者，国之大事，死生之地，存亡之道，不可不察也。

故经之以五事，校之以计，而索其情：一曰道，二曰天，三曰地，四曰将，五曰法。道者，令民与上同意也。故可以与之死，可以与之生，而不畏危；天者，阴阳、寒暑、时制也；地者，远近、险易、广狭、死生也；将者，智、信、仁、勇、严也；法者，曲制、官道、主用也。凡此五者，将莫不闻，知之者胜，不知者不胜。故校之以计，而索其情，曰：主孰有道？将孰有能？天地孰得？法令孰行？兵众孰强？士卒孰练？赏罚孰明？吾以此知胜负矣。将听吾计，用之必胜，留之；将不听吾计，用之必败，去之。

计利以听，乃为之势，以佐其外。势者，因利而制权也。兵者，诡道也。故能而示之不能，用而示之不用，近而示之远，远而示之近。利而诱之，乱而取之，实而备之，强而避之，怒而挠之，卑而骄之，佚而劳之，亲而离之，攻其无备，出其不意。此兵家之胜，不可先传也。

夫未战而庙算胜者，得算多也；未战而庙算不胜者，得算少也。多算胜，少算不胜，而况于无算乎！吾以此观之，胜负见矣。

作战篇

孙子曰：凡用兵之法，驰车千驷，革车千乘，带甲十万，千里馈粮。则内外之费，宾客之用，胶漆之材，车甲之奉，日费千金，然后十万之师举矣。

其用战也胜，久则钝兵挫锐，攻城则力屈，久暴师则国用不足。夫钝兵挫锐，屈力殚货，则诸侯乘其弊而起，虽有智者，不能善其后矣。故兵闻拙速，未睹巧之久也。夫兵久而国利者，未之有也。故不尽知用兵之害者，则不能尽知用兵之利也。

善用兵者，役不再籍，粮不三载，取用于国，因粮于敌，故军食可足也。国之贫于师者远输，远输则百姓贫；近于师者贵卖，贵卖则百姓财竭，财竭则急于丘役。力屈、财殚，中原内虚于家。百姓之费，十去其七；公家之费，破车罢马，甲胄矢弩，戟楯蔽橹，丘牛大车，十去其六。

故智将务食于敌，食敌一钟，当吾二十钟；䓤秆一石，当吾二十石。

故杀敌者，怒也；取敌之利者，货也。

故车战，得车十乘已上，赏其先得者，而更其旌旗。车杂而乘之，卒善而养之，是谓胜敌而益强。

故兵贵胜，不贵久。故知兵之将，生民之司命，国家安危之主也。

谋攻篇

孙子曰：夫用兵之法，全国为上，破国次之；全军为上，破军次之；全旅为上，破旅次之；全卒为上，破卒次之；全伍为上，破伍次之。是故百战百胜，非善之善者也；不战而屈人之兵，善之善者也。

故上兵伐谋，其次伐交，其次伐兵，其下攻城。攻城之法，为不得已。修橹轒辒，具器械，三月而后成；距闉，又三月而后已。将不胜其忿而蚁附之，杀士三分之一，而城不拔者，此攻之灾也。

故善用兵者，屈人之兵而非战也，拔人之城而非攻也，毁人之国而非久也，必以全争于天下，故兵不顿而利可全，此谋攻之法也。

故用兵之法，十则围之，五则攻之，倍则分之，敌则能战之，少则能逃之，不若则能避之。故小敌之坚，大敌之擒也。

夫将者，国之辅也。辅周则国必强，辅隙则国必弱。

故君之所以患于军者三：不知军之不可以进而谓之进。不知军之不可以退而谓之退，是谓縻军；不知三军之事而同三军之政者，则军士惑矣；不知三军之权而同三军之任，则军士疑矣。三军既惑且疑，则诸侯之难至矣，是谓乱军引胜。

故知胜有五：知可以战与不可以战者胜，识众寡之用者胜，上下同欲者胜，以虞待不虞者胜，将能而君不御者胜。此五者，知胜之道也。

故曰：知彼知己者，百战不殆；不知彼而知己，一胜一负；不知彼不知己，每战必殆。

形篇

孙子曰：昔之善战者，先为不可胜，以待敌之可胜。不可胜在己，可胜在敌。故善战者，能为不可胜，不能使敌之可胜。故曰：胜可知，而不可为。

不可胜者，守也；可胜者，攻也。守则不足，攻则有余。善守者藏于九地之下，善攻者动于九天之上，故能自保而全胜也。

见胜不过众人之所知，非善之善者也；战胜而天下曰善，非善之善者也。故举秋毫不为多力，见日月不为明目，闻雷霆不为聪耳。古之所谓善战者，胜于易胜者也。故善战者之胜也，无智名，无勇功，故其战胜不忒。不忒者，其所措必胜，胜已败者也。故善战者，立于不败之地，而不失敌之败也。是故胜兵先胜而后求战，败兵先战而后求胜。善用兵者，修道而保法，故能为胜败之政。

兵法：一曰度，二曰量，三曰数，四曰称，五曰胜。地生度，度生量，量生数，数生称，称生胜。故胜兵若以镒称铢，败兵若以铢称镒。

胜者之战民也，若决积水于千仞之溪者，形也。

势篇

孙子曰：凡治众如治寡，分数是也；斗众如斗寡，形名是也；三军之众，可使必受敌而无败者，奇正是也；兵之所加，如以碫投卵者，虚实是也。

凡战者，以正合，以奇胜。故善出奇者，无穷如天地，不竭如江河。终而复始，日月是也；死而复生，四时是也。声不过五，五声之变不可胜听也；色不过五，五色之变不可胜观也；味不过五，五味之变不可胜尝也；战势不过奇正，奇正之变不可胜穷也。奇正相生，如循环之无端，孰能穷之？

激水之疾，至于漂石者，势也；鸷鸟之疾，至于毁折者，节也。是故善战者，其势险，其节短。势如彍弩，节如发机。纷纷纭纭，斗乱而不可乱也；浑浑沌沌，形圆而不可败也。乱生于治，怯生于勇，弱生于强。治乱，数也；勇怯，势也；强弱，形也。

故善动敌者，形之，敌必从之；予之，敌必取之。以利动之，以卒待之。故善战者，求之于势，不责于人，故能择人而任势。任势者，其战人也，如转木石。木石之性，安则静，危则动，方则止，圆则行。故善战人之势，如转圆石于千仞之山者，势也。

虚实篇

孙子曰：凡先处战地而待敌者佚，后处战地而趋战者劳。故善战者，致人而不致于人。能使敌人自至者，利之也；能使敌人不得至者，害之也。故敌佚能劳之，饱能饥之，安能动之。出其所不趋，趋其所不意。

行千里而不劳者，行于无人之地也；攻而必取者，攻其所不守也。守而必固者，守其所不攻也。故善攻者，敌不知其所守；善守者，敌不知其所攻。微乎微乎，至于无形；神乎神乎，至于无声，故能为敌之司命。

进而不可御者，冲其虚也；退而不可追者，速而不可及也。故我欲战，敌虽高垒深沟，不得不与我战者，攻其所必救也；我不欲战，画地而守之，敌不得与我战者，乖其所之也。

故形人而我无形，则我专而敌分。我专为一，敌分为十，是以十攻其一也，则我众而敌寡，能以众击寡者，则吾之所与战者约矣。吾所与战之地不可知，不可知则敌所备者多，敌所备者多则吾所与战者寡矣。故备前则后寡，备后则前寡，备左则右寡，备右则左寡。无所不备，则无所不寡。寡者，备人者也；众者，使人备己者也。

故知战之地，知战之日，则可千里而会战；不知战地，不知战日，则左不能救右，右不能救左，前不能救后，后不能救前，而况远者数十里，近者数里乎！以吾度之，越人之兵虽多，亦奚益于胜败哉！故曰：胜可为也。敌虽众，可使无斗。

故策之而知得失之计，作之而知动静之理，形之而知死生之地，角之而知有余不足之处。故形兵之极，至于无形；无形，则深间不能窥，智者不能谋。因形而错胜于众，众不能知。人皆知我所以胜之形，而莫知吾所以制胜之形。故其战胜不复，而应形于无穷。

夫兵形象水，水之形避高而趋下，兵之形避实而击虚。水因地而制流，兵因敌而制胜。故兵无常势，水无常形，能因敌变化而取胜者谓之神。故五行无常胜，四时无常位，日有短长，月有死生。

军争篇

孙子曰：凡用兵之法，将受命于君，合军聚众，交和而舍，莫难于军争。军争之难者，以迂为直，以患为利。故迂其途而诱之以利，后人发，先人至，此知迂直之计者也。

故军争为利，军争为危。举军而争利则不及，委军而争利则辎重捐。是故卷甲而趋，日夜不处，倍道兼行，百里而争利，则擒三将军，劲者先，疲者后，其法十一而至。五十里而争利，则蹶上将军，其法半至。三十里而争利，则三分之二至。是故军无辎重则亡，无粮食则亡，无委积则亡。

故不知诸侯之谋者，不能豫交；不知山林、险阻、沮泽之形者，不能行军；不用乡导者，不能得地利。故兵以诈立，以利动，以分和为变者也。故其疾如风，其徐如林，侵掠如火，不动如山，难知如阴，动如雷震，掠乡分众，廓地分利，悬权而动。先知迂直之计者胜，此军争之法也。

《军政》曰："言不相闻，故为金鼓；视不相见，故为旌旗。"夫金鼓旌旗者，所以一人之耳目也。人既专一，则勇者不得独进，怯者不得独退，此用众之法也。故夜战多火鼓，昼战多旌旗，所以变人之耳目也。

故三军可夺气，将军可夺心。是故朝气锐，昼气惰，暮气归。善用兵者，避其锐气，击其惰归，此治气者也。以治待乱，以静待哗，此治心者也。以近待远，以佚待劳，以饱待饥，此治力者也。无邀正正之旗，无击堂堂之陈，此治变者也。

故用兵之法：高陵勿向，背丘勿逆，佯北勿从，锐卒勿攻，饵兵勿食，归师勿遏，围师必阙，穷寇勿迫，此用兵之法也。

九变篇

孙子曰：凡用兵之法，将受命于君，合军聚众。圮地无舍，衢地交合，绝地无留，围地则谋，死地则战，涂有所不由，军有所不击，城有所不攻，地有所不争，君命有所不受。

故将通于九变之利者，知用兵矣；将不通于九变之利者，虽知地形，不能得地之利矣；治兵不知九变之术，虽知五利，不能得人之用矣。

是故智者之虑，必杂于利害。杂于利，而务可信也；杂于害，而患可解也。是故屈诸侯者以害，役诸侯者以业，趋诸侯者以利。故用兵之法，无恃其不来，恃吾有以待也；无恃其不攻，恃吾有所不可攻也。

故将有五危：必死，可杀也；必生，可虏也；忿速，可侮也；廉洁，可辱也；爱民，可烦也。凡此五者，将之过也，用兵之灾也。覆军杀将，必以五危，不可不察也。

行军篇

孙子曰：凡处军相敌，绝山依谷，视生处高，战隆无登，此处山之军也。绝水必远水，客绝水而来，勿迎之于水内，令半济而击之利；欲战者，无附于水而迎客，视生处高，无迎水流，此处水上之军也。绝斥泽，唯亟去无留，若交军于斥泽之中，必依水草而背众树，此处斥泽之军也。平陆处易，而右背高，前死后生，此处平陆之军也。凡此四军之利，黄帝之所以胜四帝也。

凡军好高而恶下，贵阳而贱阴，养生而处实，军无百疾，是谓必胜。丘陵堤防，必处其阳而右背之，此兵之利、地之助也。

上雨，水沫至，欲涉者，待其定也。凡地，有绝涧、天井、天牢、天罗、天陷、天隙，必亟去之，勿近也。吾远之，敌近之；吾迎之，敌背之。军行有险阻、潢井、葭苇、山林、翳荟者，必谨覆索之，此伏奸之所处也。

敌近而静者，恃其险也；远而挑战者，欲人之进也；其所居易者，利也；众树动者，来也；众草多障者，疑也；鸟起者，伏也；兽骇者，覆也；尘高而锐者，车来也；卑而广者，徒来也；散而条达者，樵采也；少而往来者，营军也；辞卑而备益者，进也；辞强而进驱者，退也；轻车先出居其侧者，陈也；无约而请和者，谋也；奔走而陈兵车者，期也；半进半退者，诱也；杖而立者，饥也；汲而先饮者，渴也；见利而不进者，劳也；鸟集者，虚也；夜呼者，恐也；军扰者，将不重也；旌旗动者，乱也；吏怒者，倦也；粟马肉食，军无悬缶；不返其舍者，穷寇也；谆谆翕翕，徐与人言者，失众也；数赏者，窘也；数罚者，困也；先暴而后畏其众者，不精之至也；来委谢者，欲休息也。兵怒而相迎，久而不合，又不相去，必谨察之。

兵非益多也，惟无武进，足以并力、料敌、取人而已。夫惟无虑而易敌者，必擒于人。卒未亲附而罚之，则不服，不服则难用也。卒已亲附而罚不行，则不可用也。

故令之以文，齐之以武，是谓必取。令素行以教其民则民服，令不素行以教其民则民不服。令素行者，与众相得也。

地形篇

孙子曰：地形有通者，有挂者，有支者，有隘者，有险者，有远者。我可以往，彼可以来，曰通。通形者，先居高阳，利粮道，以战则利。可以往，难以返，曰挂。挂形者，敌无备，出而胜之；敌若有备，出而不胜，难以返，不利。我出而不利，彼出而不利，曰支。支形者，敌虽利我，我无

208

出也；引而去之，令敌半出而击之利。隘形者，我先居之，必盈之以待敌；若敌先居之，盈而勿从，不盈而从之。险形者，我先居之，必居高阳以待敌；若敌先居之，引而去之，勿从也。远形者，势均难以挑战，战而不利。凡此六者，地之道也，将之至任，不可不察也。凡兵有走者，有弛者，有陷者，有崩者，有乱者，有北者。凡此六者，非天之灾、将之过也。夫势均，以一击十，曰走；卒强吏弱，曰弛；吏强卒弱，曰陷；大吏怒而不服，遇敌怼而自战，将不知其能，曰崩；将弱不严，教道不明，吏卒无常，陈兵纵横，曰乱；将不能料敌，以少合众，以弱击强，兵无选锋，曰北。凡此六者，败之道也，将之至任，不可不察也。

夫地形者，兵之助也。料敌制胜，计险厄远近，上将之道也。知此而用战者必胜，不知此而用战者必败。故战道必胜，主曰无战，必战可也；战道不胜，主曰必战，无战可也。故进不求名，退不避罪，唯人是保，而利合于主，国之宝也。

视卒如婴儿，故可与之赴深溪；视卒如爱子，故可与之俱死。厚而不能使，爱而不能令，乱而不能治。譬若骄子，不可用也。

知吾卒之可以击，而不知敌之不可击，胜之半也；知敌之可击，而不知吾卒之不可以击，胜之半也；知敌之可击，知吾卒之可以击，而不知地形之不可以战，胜之半也。故知兵者，动而不迷，举而不穷。故曰：知彼知己，胜乃不殆；知天知地，胜乃不穷。

九地篇

孙子曰：用兵之法，有散地，有轻地，有争地，有交地，有衢地，有重地，有圮地，有围地，有死地。诸侯自战其地，为散地；入人之地而不深者，为轻地；我得则利，彼得亦利者，为争地；我可以往，彼可以来者，为交地；诸侯之地三属，先至而得天下之众者，为衢地；入人之地深，背城邑多者，为重地；行山林、险阻、沮泽，凡难行之道者，为圮地；所由入者隘，所从归者迂，彼寡可以击吾之众者，为围地；疾战则存，不疾战则亡者，为死地。是故散地则无战，轻地则无止，争地则无攻，交地则无绝，衢地则合交，重地则掠，圮地则行，围地则谋，死地则战。

所谓古之善用兵者，能使敌人前后不相及，众寡不相恃，贵贱不相救，上下不相收，卒离而不集，兵合而不齐。合于利而动，不合于利而止。敢问：敌众整而将来，待之若何？曰：先夺其所爱，则听矣。兵之情主速，乘人之不及，由不虞之道，攻其所不戒也。

凡为客之道：深入则专，主人不克；掠于饶野，三军足食；谨养而勿劳，并气积力；运兵计谋，为不可测。

投之无所往，死且不北；死焉不得？士人尽力。兵士甚陷则不惧，无所往则固，深入则拘，不得已则斗。是故其兵不修而戒，不求而得，不约而亲，不令而信，禁祥去疑，至死无所之。

吾士无余财，非恶货也；无余命，非恶寿也。令发之日，士卒坐者涕沾襟，偃卧者涕交颐。投之无所往者，诸、刿之勇也。

故善用兵者，譬如率然。率然者，常山之蛇也，击其首则尾至，击其尾则首至，击其中则首尾俱至。敢问：兵可使如率然乎？曰：可。夫吴人与越人相恶也，当其同舟而济，遇风，其相救也如左右手。是故方马埋轮，未足恃也；齐勇如一，政之道也；刚柔皆得，地之理也。故善用兵者，携手若使一人，不得已也。

将军之事，静以幽，正以治。能愚士卒之耳目，使之无知；易其事，革其谋，使人无识；易其居，迂其途，使人不得虑。帅与之期，如登高而去其梯；帅与之深入诸侯之地，而发其机，焚舟破釜，若驱群羊，驱而往，驱而来，莫知所之。聚三军之众，投之于险，此谓将军之事也。

九地之变，屈伸之力，人情之理，不可不察。凡为客之道，深则专，浅则散。去国越境而师者，绝地也；四达者，衢地也；入深者，重地也；入浅者，轻地也；背固前隘者，围地也；无所往者，死地也。是故散地，吾将一其志；轻地，吾将使之属；争地，吾将趋其后；交地，吾将谨其守；衢地吾将固其结；重地，吾将继其食；圮地，吾将进其途；围地，吾将塞其阙；死地，吾将示之以不活。故兵之情：围则御，不得已则斗，过则从。

是故不知诸侯之谋者，不能预交；不知山林、险阻、沮泽之形者，不能行军；不用乡导者，不能得地利。四五者不知一，非霸王之兵也。夫霸王之兵，伐大国，则其众不得聚；

威加于敌，则其交不得合。是故不争天下之交，不养天下之权，信己之私，威加于敌，故其城可拔，其国可隳。

施无法之赏，悬无政之令，犯三军之众，若使一人。犯之事，勿告以言；犯之以利，勿告以害。投之亡地然后存，陷之死地然后生。夫众陷于害，然后能为胜败。

故为兵之事，在于顺详敌之意，并敌一向，千里杀将，此谓巧能成事者也。是故政举之日，夷关折符，无通其使，厉于廊庙之上，以诛其事，敌人开阖，必亟入之，先其所爱，微与之期，践墨随敌，以决战事。是故始如处女，敌人开户；后如脱兔，敌不及拒。

火攻篇

孙子曰：凡火攻有五：一曰火人，二曰火积，三曰火辎，四曰火库，五曰火队。行火必有因，烟火必素具。发火有时，起火有日。时者，天之燥也；日者，月在箕、壁、翼、轸也，凡此四宿者，风起之日也。

凡火攻，必因五火之变而应之。火发于内，则早应之于外；火发兵静者，待而勿攻；极其火力，可从而从之，不可从而止。火可发于外，无待于内，以时发之。火发上风，无攻下风。昼风久，夜风止。凡军必知有五火之变，以数守之。

故以火佐攻者明，以水佐攻者强。水可以绝，不可以夺。

夫战胜攻取而不修其功者凶，命曰费留。故曰：明主虑之，良将修之，非利不动，非得不用，非危不战。主不可以怒而兴师，将不可以愠而致战。合于利而动，不合于利而止。怒可以复喜，愠可以复悦，亡国不可以复存，死者不可以复生。故明君慎之，良将警之，此安国全军之道也。

用间篇

孙子曰：凡兴师十万，出征千里，百姓之费，公家之奉，日费千金；内外骚动，怠于道路，不得操事者七十万家。相守数年，以争一日之胜，而爱爵禄百金，不知敌之情者，不仁之至也，非人之将也，非王之佐也，非胜之主也。故明君贤将，所以动而胜人，成功出于众者，先知也。先知者，不可取于鬼神，不可象于事，不可验于度，必取于人，知敌之情者也。

故用间有五：有因间，有内间，有反间，有死间，有生间。五间俱起，莫知其道，是谓神纪，人君之宝也。因间者，因其乡人而用之；内间者，因其官人而用之；反间者，因其敌间而用之；死间者，为诳事于外，令吾间知之而传于敌间也；生间者，反报也。

故三军之事，莫亲于间，赏莫厚于间，事莫密于间，非圣智不能用间，非仁义不能使间，非微妙不能得间之实。微哉微哉，无所不用间也！

间事未发而先闻者，间与所告者兼死。凡军之所欲击，城之所欲攻，人之所欲杀，必先知其守将、左右、谒者、门者、舍人之姓名，令吾间必索知之。必索敌人之间来间我者，因而利之，导而舍之，故反间可得而用也。因是而知之，故乡间、内间可得而使也。因是而知之，故死间为诳事，可使告敌。因是而知之，故生间可使如期。五间之事，主必知之，知之必在于反间，故反间不可不厚也。

昔殷之兴也，伊挚在夏；周之兴也，吕牙在殷。故唯明君贤将，能以上智为间者，必成大功。此兵之要，三军之所恃而动也。

（《孙子兵法》原文录自宋刻本《十一家注孙子》）

后　记

　　《智无止境——〈孙子兵法〉名句今悟》得以付梓，得到了多方抬爱。

　　梅建平先生在为我的前一本《智无止境——〈道德经〉名句今悟》作序之后，又欣然为本书命笔，令人感激之至。承蒙青岛出版集团厚爱，青岛出版社总编辑刘咏先生在百忙之中继续为本书进行了策划和设计，并与编辑董建国先生一同编辑了书稿，他们的高质量工作为本书增色不少。

　　今年元旦以来，我每周六上午发送的每周一句"孙子曰"微信和短信，继续得到诸多友人的热情反馈和积极肯定。许多朋友及时交流了心得体会，有朋友发来"孙子曰再悟"，还有朋友赠送了诸子百家经典书籍。友人的反馈着实让我感到鼓舞和欣慰。在此，对所有朋友的肯定和喜爱表示由衷感谢。同时，也对家人一如既往的支持表示真挚感激。

　　"不可胜在己，可胜在敌"，让我们学习、感悟、享受先贤大智的深邃思想，把自己的事情做得更好。

敬人

2020年仲夏于北京

图书在版编目（CIP）数据

智无止境：《孙子兵法》名句今悟 / 敬人著 . --
青岛 : 青岛出版社 , 2021.8
ISBN 978-7-5552-2637-6

Ⅰ . ①智… Ⅱ . ①敬… Ⅲ . ①兵法—中国—春秋时代
②《孙子兵法》—通俗读物 Ⅳ . ① E892.25-49

中国版本图书馆 CIP 数据核字 (2021) 第 147198 号

封底篆刻　　李骆公
扉页篆刻　　刘镛奇
人名篆刻　　陈礼忠

书　　名　智无止境——《孙子兵法》名句今悟
著　　者　敬　人
出版发行　青岛出版社
社　　址　青岛市海尔路 182 号（266061）
本社网址　http://www.qdpub.com
邮购电话　0532- 68068091
策划编辑　刘　咏
责任编辑　董建国
装帧设计　祝玉华
照　　排　光合时代
印　　刷　北京雅昌艺术印刷有限公司
出版日期　2021 年 8 月第 1 版　　2021 年 8 月第 1 次印刷
开　　本　32 开（889mm×1194mm）
印　　张　7.5
字　　数　120 千
图　　数　60 幅
书　　号　ISBN 978-7-5552-2637-6
定　　价　68.00 元

编校印装质量、盗版监督服务电话：4006532017　0532-68068050